배움이
즐거운
아이들

홍동중학교 지음

에듀니티

관계 속에서 성장하는 아이들

배움이 즐거운 수업

서로
울타리가 되어주는 교직원

혼마을에서 자라는 아이들

홍동에서 미래교육을 엿보다

"학생이
오고 싶은 학교"

"교사가
신나게 근무하는 학교"

추천사

홍동중학교의 혁신학교 10년은 홍동중 새학교 만들기
20년 역사의 후반부에 해당합니다. 농촌교육을 살리기
위한 교육복지와 교육과정 특성화, 그리고 마을과 함
께하는 마을교육공동체의 형성과정이 전반부 10년이
었다면, 이를 공고히 하기 위해 민주적 운영 체제 확립,
전문적 학습공동체 운영 등으로 학교 교육력을 강화하
여 수업을 혁신하고 아이들의 꿈을 위한 여정을 만들
어온 혁신학교 10년 활동은 지속가능한 농촌교육 활성
화의 모범으로 자리 잡고 있습니다. 여기까지 함께 달
려오신 선생님들과 학생, 학부모님들, 그리고 마을교
사 여러분들의 노고에 경의를 표합니다.

민병성, 전 홍동중학교 교장

추천사

마을과 함께 호흡하며 삶 속 교육으로 '배움이 즐거운 온마을학교'를 만들어 가는 홍동중학교. 10년의 홍동교육은 학교다움을 극대화하여, 학생들이 주체적으로 사람답게 시민으로 성장하도록 만들었습니다. 나아가 학생들이 마을에 대한 공감과 체험을 넘어, 마을의 주인으로 살아갈 힘을 키워주었습니다. 이러한 홍동중학교 교육공동체의 축적된 경험은 같은 별을 바라보며 혁신교육을 지향하는 우리 모두의 나침반입니다. 그 방향에 행복하게 동행하고자 합니다.

한광희 충청남도교육청 장학관

언제나 함께 해주셔서 감사합니다.

박신자 | 홍동중학교 교장

"학교란 무엇일까?"

"학교는 어떤 역할을 해야 할까?"

교사라면 이런 고민을 한 번쯤은 해보았을 것이다.

세상은 빠르게 변한다. 그리고 사람들은 그 변화에 대비해야 한다고 이야기한다. 하지만 학교가 그 변화에 잘 대비하고 있을까? 지금 학교의 모습은 예전과는 다르다고 하지만, 여전히 입시 위주의 교육, 성적 위주의 교실, 줄 세우기식의 평가 등은 예전과 크게 달라지지 않았다. 앞으로의 사회를 살아갈 아이들에게 가장 중요한 것은 무엇일까? 아이들에게 진정으로 필요한 교육은 무엇일까?

홍동중학교는 한때 전교생 900여 명이었으나, 지금은 100여 명으로 줄어든 농촌의 면 소재 소규모 학교다. 2007년 내부형 공모교장 부임 이후 학교 혁신을 위해 다양한 노력을 해왔고, 전국적인 우수사례로 많이 인용되어 왔다. 2015년부터는 충남교육청 지정 혁신학교로서 '배움이 즐거운 온마을 학교'라는 비전으로 학교 교육력을 강화하였고, 수업 혁신과 더불어 마을과 함께하는 교육을 지향해왔다. 2024년은 홍동중학교가 혁신학교로 지정되어 운영된 지 10년이 되는 해이다.

홍동지역은 전국적으로 유명한 유기농 특구다. 귀농귀촌을 선택한 보호자가 전체 인구의 15%를 차지하며, 이들이 주민들과 다양한 시도를 하며 함께 어우러져 살아가는 마을이다. 인구 3,300여 명의 작은 면 단위 지역임에도 불구하고 갓골어린이집, 홍동초등학교와 금당초등학교, 풀무농업고등기술학교, 풀무농업고등기술학교 전공부*, 햇살배움터 교육

---

* 2년제 대안대학, 생태농업전공과정

협동조합 등의 교육시설과 풀무생협, 풀무신협, 우리동네의료생협, 마을활력소, 꿈이자라는뜰사회적협동조합 등의 생활 편의시설이 잘 갖추어져 있다. 이러한 기관과 단체들은 서로 유기적으로 연계되어 활발하게 운영됨에 따라 홍동을 생동감 넘치는 마을로 만들어 낸다.

홍동지역에 살면서 홍동중학교에서 18년간 아이들과 함께 살아왔다. 지금은 교장으로 근무하고 있지만 교사로 근무하며 동료들과 교육에 대한 다양한 고민을 해왔다. '어떻게 하면 아이들이 더 나은 삶을 살아갈 수 있을까?', '누구나 존중받고 평화로운 학교를 만들기 위해서 어떤 노력을 해야 할까?' 이러한 고민과 작은 실천들이 모여 지금의 홍동중학교를 만들어 냈다.

혁신학교 10년의 역사가 담긴 기록물을 남기며 그동안 쌓여왔던 교육공동체의 고민과 실천을 담아내고자 했다. 과거의 역사보다는 차곡차곡 역사가 쌓여 만들어진 지금의 홍동중학교의 모습을 담아보자는 것에 구성원들 모두가 합의하였다. 그러한 결실이 바로 이 책에 담겨있다.

이 책을 펴내며 혁신학교의 10년이 우리가 한 발 한 발 내디딘 발걸음의 합이라는 생각이 들었다. 걸음걸음마다 함께해준 동료들, 아이들, 보호자님에게 고마움을 표하고 싶다.

"언제나 함께 해주서서 감사합니다."

목차

3장. 서로 울타리가 되어주는 교직원

4장. 온마을에서 자라는 아이들

에필로그.

14

15

19

20

1장.

관계 속에서
성장하는 아이들

출발 교육과정, 안심되는 첫 만남

왜 출발 교육과정인가?

"엄마, 내일 떨려요. 누구랑 화장실을 가야 할지 걱정돼요."

벌써 8년 전, 둘째 아이가 중학교 2학년이 되었을 때 3월 새 학기 등교를 앞두고 했던 말이다. 나는 깜짝 놀랐다. 비교적 읍내의 큰 초등학교를 나왔고, 벌써 1년이나 중학교 생활을 해서 낯선 친구들이 그리 많지 않을텐데도 아이는 첫날 누구랑 앉게 될지, 누구와 친해져서 화장실을 같이 가야 할지가 밤새 걱정이 되었던 거다. 나는 그때서야 아이들이 새 학기 첫날을 설렘보다도 긴장과 걱정으로 보낸다는 것을 알게 되었다. 우리 학교도 마찬가지다. 시골 학교여서 20여 명이 조금 넘는 홍동초등학교 학생들이 거의 그대로 진학을 했고, 주변의 여러 학교 학생들이 더 와서 입학을 하는 상황이지만, 그래도 아이들은 떨리고 걱정이 되었던 거다. 낯선 선배들이 자기들보다 두 배나 더 있고 다른 초등학교를 졸업한 낯선 친구들도 있다. 재학생들도 마찬가지다. 2개 학급밖에 없긴 하지만 반 친구들이 바뀌어 있어서 낯선 상황이긴 마찬가지다. 그래서 우리 학교는 안심되는 학교생활을 맞이하기 위해 3월 첫 등교 날부터 3일간은 교과 수업을 하지 않고, 학생회 및 민주시민자치부(교직원) 주관으로 '출발 교육과정' 시간을 갖는다. 그 시간을 통해 학교는 걱정과 두려운 곳이 아니라 안심되는 곳으로 마음이 서서히 바뀌어 간다. 올해의 출발 교육과정의 목적은 다음과 같다.

"만남의 소중함을 느끼며, 평화로운 관계를 생성할 수 있도록 돕는다, 학급자치·학생자치 활동을 통해 학교 환경에 적응할 수 있도록 지원한다, 서로 연대하고 존중하는 공동체를 함께 가꾸어 나갈 수 있는 기반을 마련한다."

학급 약속 만들기

학급 약속 만들기를 할 땐 마을 선생님들(비폭력대화 강사)이 와서 이끌어 주신다. 담임선생님도 아이들과 함께 앉아서 의견을 발표하고 경청하고 참여한다. 담임선생님이 주도적으로 학급 약속을 제시하여 아이들이 따라오게 하는 것이 아니다. 아이들은 마을 선생님의 진행에 따라 각자가 중요하게 여기는 가치를 선택하고, 자신의 느낌을 발표하고,(발표가 어려운 학생은 말하지 않아도 된다.) 중요시 여기는 욕구를 모은다. 우리 학급이 공통으로 바라는 가치, 그 욕구를 이루기 위해서 우리가 지킬 수 있는 약속을 만들어 낸다. 아이들이 스스로 찾아냈고 스스로 결정했기에 이후 담임선생님의 잔소리가 없어도 잘 지켜낸다. 이것이 학교에서 어떻게 가능한가는 해봐야 알 수 있다. 내가 홍동중학교에 와서 경험하는 일 중에 가장 놀라운 일이 선생님들의 지도 없이도 아이들 스스로 자기들이 정한 규칙을 잘 지켜낸다는 것이었다. 이렇게 만들어 낸 학급 약속은 다음과 같다.

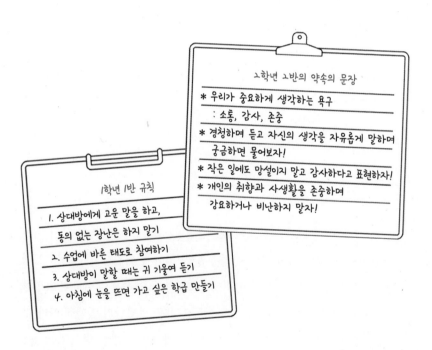

2학년 2반의 약속의 문장

* 우리가 중요하게 생각하는 욕구
  : 소통, 감사, 존중
* 경청하며 듣고 자신의 생각을 자유롭게 말하며 궁금하면 물어보자!
* 작은 일에도 망설이지 말고 감사하다고 표현하자!
* 개인의 취향과 사생활을 존중하며 강요하거나 비난하지 말자!

1학년 1반 규칙

1. 상대방에게 고운 말을 하고, 동의 없는 장난은 하지 말기
2. 수업에 바른 태도로 참여하기
3. 상대방이 말할 때는 귀 기울여 듣기
4. 아침에 눈을 뜨면 가고 싶은 학급 만들기

학급 약속 정하는 활동

자신은 어떤 욕구가 중요한지 의견을 발표해요.
그 욕구가 실현되는 곳이 우리 학급이 되길 바랍니다.

29

신입생 환영회

새 학기 등교 둘째 날은 작은 축제의 날이다. 3월 첫날 오후에 입학한 신입생을 환영해 주기 위해 학생회와 재학생들은 마음이 들떠있다. 선물은 받는 마음보다 주는 마음이 더 좋은 것처럼 말이다. 학생회 주관으로 행사를 이끄는데, 모든 학생들은 둥글게 모여 앉아 먼저 선생님들의 자기소개를 듣는다. 이어서 재학생 모두가 자기소개를 한다. 하고 싶은 말도 한마디씩 하라고 하는데 아직은 낯설고 쑥스러워서 대부분 "1학년 1반 ○번 ○○○입니다." 정도의 자기소개를 하지만, 가끔은 사랑을 고백하는 용감한 재학생도 있다. "저는 ○○○를 좋아하는 ○○○입니다.", "올해 ~하고 싶은 ○○○입니다." 그럴 때마다 격려와 감탄의 박수가 쏟아진다.

이후엔 학생회가 환영 공연을 한다. 새 학기 시작 전에 미리 모여 회의를 하고, 각종 진행 준비와 더불어 공연 준비까지 하는 건 정말 좋아하지 않으면 할 수 없는 일이다. 그동안 그렇게 사랑받았기에 기꺼이 후배들에게 베풀 수 있는 거다. 공연으로 마음이 열리면 본격적으로 1, 2, 3학년이 섞인 모둠을 짜고 게임을 하면서 마음이 활짝 열린다. 무려 4차시까지 이렇게 활동을 하고 나면 선배가 더 이상 무섭지 않고, 신입생을 격려해 주고 응원해 주고 있다는 걸 확신하게 되고 학교를 안심하게 된다.

신입생 환영회 프로그램엔 선배들이 신입생을 데리고 학교 구석구석을 안내해 주는 학교 투어도 진행한다.

전교생이 해누리(소강당)에 모여 앉아 교장 선생님의 말씀을 듣습니다.
교장 선생님께서는 "사랑과 사랑이 연결되어 있습니다"라고 하시며, 우리가 앞으로
어떻게 지냈으면 좋겠는지 설명해 주십니다. 나와 너, 우리, 선생님, 학교를 위해
애써주시는 모든 분들, 부모님⋯ 우리는 따로따로가 아니라 다 연결되어 있습니다.

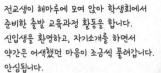

전교생이 해마루에 모여 앉아 학생회에서
준비한 출발 교육과정 활동을 합니다.
신입생을 환영하고, 자기소개를 하면서
약간은 어색했던 마음이 조금씩 풀려갑니다.
안심됩니다.

학생회 임원들의 환영 공연. 오늘 첫날이 어색하고
낯설었는데 우리들을 환영하고 환대해 주는 학생회
임원들의 공연 덕분에 마음이 많이 편안해졌어요.

선후배가 함께 같은 팀이 되어 경기에 임합니다.
옆에서 같이 뛰어주는 3학년 선배님과 뒤에서 응원해
주는 2학년 선배님 덕분에 마음껏 달렸습니다.

자기소개를 하고, 서로 질문하고, 대답합니다.
친구의 새로운 점이 또 발견되는 순간이에요.

내가 다닌 홍동중학교는요~

"새 학기 출발 교육은 우리 학교만의 좋은 행사라고 생각합니다. 언제나 새 학기는 걱정되기 마련인데, 새 학기 출발 교육이 있어서 선후배가 친해지고 학교에 더 녹아들 수 있는 것 같습니다. 1학년 때는 선배들이 준비한 환영회를 즐겼고, 학생회 임원이 된 2, 3학년 땐 직접 준비했습니다. 준비를 하는 동안 새로 입학할 후배들이 어떨지 생각해 볼 수 있었습니다. 입학했을 때의 어려움을 떠올리며 후배들과 친구들을 따뜻하게 받아들이는 행사라고 생각하게 되었습니다."

3학년 방단아

나도 우리 학교가 안심된다

"이건 사족이지만, 내 얘기도 한마디 하고 싶다. 홍동중학교에 부임한 지 2년째 되는 해부터 나는 색조 화장을 하지 않는다. (나이가 드니 피부에 노화가 와서 화장이 들뜨고 약간의 가려움증도 생겨서 색조 화장을 안 하는 게 얼굴이 편안하기 때문이다.) 교사에게 화장을 하지 않는다는 것은 엄청난 모험이고 결심이었다. 종일 선생님의 얼굴을 쳐다보는 수업 시간이 많은 아이들은 선생님이 화장을 하지 않으면 금방 알아채고 이렇게 말한다. "선생님, 어디 아프세요?" 나도 사람인지라 그런 외모에 관한 말을 들으면 자존감이 낮아지고 움츠러든다. 그런데 우리학교 아이들은 친구들을 외모나 옷차림, 가정적 배경, 심지어 독특한 음절의 이름을 가진 친구들을 장난으로도 절대 놀리지 않는 걸 지켜봤다. 처음 화장을 하지 않고 출근한 날 아이들은 여전히 아무렇지 않게 나를 대해줬다. 고마웠다. 안심이 되었다. 교사도 안심되는 학교, 그런 학교가 우리 학교다."

생활협약, 우리들의 약속 맺기

학생 생활협약

새 학기로 한 달의 시간을 보내고 나서 다모임을 한다. 1, 2, 3학년이 혼합된 10개 모둠이 모여서 우리가 지켜야 할 약속을 함께 정한다. 무조건 '이렇게 하자, 이런 걸 지키자'가 아니라 우리들의 욕구를 먼저 살피고 어떤 가치를 중요시하는지 모여서 이야기를 나눈다. 선배라고 말을 더 많이 하는 것도 아니고 후배라고 해서 무조건 선배의 의견에 동조하지도 않는다. 서툴지만 또박또박하게 자신의 느낌을 얘기하고 의견을 말한다. 그렇게 해서 모둠에서 가장 동의를 많이 받은 의견을 중심으로 전교생 앞에서 발표하고 그것을 다시 투표로 결정한다. 그렇게 학생들의 생활협약이 결정된다.

1, 2, 3학년이 한 모둠이 되어 생활협약을 정하기 전에 우리가 중요하게 생각하는 가치가 무엇인지 서로서로 이야기를 나누었습니다.

아, 우리는 서로가 중요하게 생각하는 가치가 비슷한 것도 있고 다른 것도 있었군요.

"너는 뭐가 중요한 거 같아? 이것도 좋고 저것도 좋은데 어떤 걸 선택해야 하지? 벌써 3년째 하는데도 매번 어렵네!"

"우리가 1년 동안 서로 약속하고 지켜나가야 할 생활협약, 난 이게 중요한 것 같아. 이걸 실천해 가고 싶어."

37

교사 생활협약

교사들은 수요일 오후 협의회 시간에 역시 학생들과 같은 방법으로 진행하면서 우리들이 지킬 약속을 정한다. 이때 마을교사(비폭력대화 강사) 두 명을 초빙해 진행한다. 교육과정운영부장이나 민주시민자치부장인 교사 주도의 진행이 아니라서 우리들의 욕구를 적극적으로 더 잘 표현할 수 있었고 이를 객관적으로 살펴볼 수 있어서 좋았다. 교사들도 우리들의 욕구를 반영했고 우리들 스스로 정한 약속이라서 지키기 쉽다.

보호자 생활협약

보호자들은 생활협약을 어떻게 정할까? 학부모 협약을 하는 과정은 학부모님이 따로 시간을 내어 만나기 어렵기 때문에 학교교육과정 설명회 자리에서 서로 인사를 나누면서 한다. 반별로 한 해 동안의 기대되는 부분이나 걱정들을 나누고, 공동체 생활협약에 대한 가정통신문을 보내드리면서 모든 학부모님께 안내한다. 그리고 학부모 대표님이 임원들과 함께 공동체 협약이 필요하다고 생각되는 점에 대한 설문조사를 하고 임원진 및 관심 있는 보호자 모임에서 유목화한 후 최종안으로 정리하여 정한다.

생활협약식 발표

　학생 생활협약, 교사 생활협약, 보호자 생활협약이 정해지면 '생활협약 선포식'을 한다. 전교생과 교직원은 물론 학부모님들도 함께 참여한다. 홍동중학교 교육공동체 모두가 모여서 하는 약속 발표인 것이다.

　학생 대표인 학생회가 나와서 먼저 '학생 생활협약'을 낭독하고 다음은 교사들 모두가 나와서 '교사 생활협약'을 낭독한다. 다음은 보호자 대표들이 나와서 '보호자 생활협약'을 낭독한다. 발표가 끝날 때마다 교육공동체는 힘껏 박수를 보내며 서로를 격려하고 응원한다. 생활협약 낭독이 끝나면 학생 대표, 보호자 대표, 교사 대표가 생활협약 내용에 서명을 하고 이 약속이 잘 지켜지길 다짐하면서 협약식을 마친다. 그 후엔 '생활협약표'를 인쇄하여 각 학급, 모든 교직원, 전교생, 각 가정에 전달해서 벽에 혹은 냉장고에 붙여두고 늘 지켜보면서 잘 지켜갈 수 있도록 바라본다.

2024 공동체 생활협약

학생 협약	보호자 협약	교직원 협약
1. 말과 행동을 조심하고 친구의 말은 이해하며 소통하겠습니다.	1. 아이의 말을 판단하지 않고 끝까지 듣겠습니다.	1. 교육공동체의 의견을 경청하고 이해하며 내가 먼저 실천합니다.
1. 잘 못 할 것 같더라도 도전하고 목표를 세워 노력하며 이뤄내겠습니다.	1. 자녀의 방에 들어갈 때 노크 후 들어오라는 말을 듣고 들어가겠습니다.	1. 함께 재미를 추구하는 것을 망설이지 않겠습니다.
1. 친구들 뿐만 아니라 선·후배간 관심을 가지고 도움을 주며 우정을 다지겠습니다.	1. 도움이 필요한 지 묻고 원하는 도움을 주겠습니다.	1. 따뜻한 호기심으로 함께 할 일이 있는지 살피겠습니다.
1. 자유롭게 생각하고, 자유롭게 생각한 것을 존중하겠습니다.	1. 학교교육과정을 신뢰하고 학교 행사에 잘 참여하겠습니다.	1. 협력을 위해 시간을 잘 지키고, 자세하고 친절하게 안내하겠습니다.
1. 친구와의 비밀은 지키고, 긍정적인 말을 하며, 안전하고 평화롭게 지내겠습니다.	1. 학교 안에서 만나는 사람들에게 반갑게 인사하겠습니다.	1. 나를 잘 돌봄으로써 편안해지겠습니다.
	1. 교육공동체로서 서로의 연결을 중요하게 여기고, 학부모 모임에 적극 참여하겠습니다.	

"생활협약을 만들면서 우리학교는 학생들의 의견을 참 많이 반영한다는 생각을 했습니다. 보통 학교에서 일방적으로 정하는 규칙을 학생들과 선생님, 학부모 모두가 정하는 것이 매우 멋있다고 생각합니다. 학생들은 만드는 과정을 조금은 귀찮아하고 힘들어하는 것 같긴 하지만 후에 돌아본다면 좋은 배움이었다고 깨달을 수 있을 것 같습니다."

3학년 방단아

"그동안의 교직 생활에서 학생들의 생활 지도를 할 때 아무리 부드럽게 지도를 해도 소소한 반발이 있었다. 학교에서 일방적으로 정한 규칙을 교사가 지도하니 학생들은 불만을 표현했고 교사들은 힘들었다. 그런데 홍동중학교에서는 생활 지도를 학생들이 서로서로 해 준다. 그것은 다그치거나 비난하고 무시하는 것이 아닌 서로의 배려를 바탕에 둔 약속의 일깨움이었다. 그러니 아이들은 스스로 잘못을 깨닫고, 자존감의 상처도 받지 않고 다시 학교생활에 임한다. 우리는 실수도 할 수 있고 잘못을 할 수 있다는 것을 다 알고, 아이들은 서로에게 "괜찮아. 다시 하면 돼."라고 말해 준다. 아이들은 이렇게 말한다. "ㅇㅇ야, 우리가 이걸 같이 해결해 나가야 하잖아. 그러니까 이렇게 좀 해줄래?" 처음에 아이들이 이렇게 말하는 걸 들으면서 얼마나 깜짝 놀랐는지 모른다. 그동안에 근무했던 학교에서, 특히 학생들 간에 들어보지 못한 대화 방식이었다. 나는 학생들의 이런 모습을 지켜보면서 약속은 어떻게 해야 하는가를 오히려 어른이 아닌 아이들을 통해 배웠다."

공동체성을 기르는 모내기

모내기가 뭐예요?

처음 홍동중학교에 부임했을 때, 이곳만의 독특한 교육철학에 신선한 충격을 받았다. 그중에서도 학생, 학부모, 교직원, 마을이 함께하는 모내기 행사는 이전에 겪어보지 못한 특별한 활동이었다. 처음 이 이야기를 들었을 때, '모내기가 과연 교육적으로 어떤 의미를 지닐까?'라는 생각이 들었다. 하지만 실제로 모내기에 참여하고 나서는 그 질문에 대한 답을 몸소 깨달을 수 있었다.

모내기 날이 다가오자 학생들은 물론 교직원들까지 모두 분주하게 준비를 시작했다. 풍물반의 흥겨운 장단이 울려 퍼지며 학생들은 논을 향해 걸어갔다. 논에 도착해 각 학년별로 자리를 잡고 차곡차곡 쌓여있는 모판을 나르며 모를 심었다. 학부모님들과 선생님들은 줄잡이를 맡아 학생들이 일정한 간격으로 모를 심을 수 있도록 도와주었다.

풍물패의 흥겨운 장단이 모내기의 시작을 알린다. 장단에 맞춰 손뼉을 치며 논으로 갈 마음의 준비를 하고 있다. 풍물의 울림 속에서 흥둥이 어우러지는 축제의 장이 펼쳐진 듯하다.

모두가 들판에 모여 모심기에 열중이다. 선생님과 학부모님들이 일정한 간격으로 옷줄을 이동하면 아이들은 그 뒤를 따라 함께 모를 심는다. 점점 채워지는 논을 바라보니 모두의 땀과 노력이 고스란히 느껴져 더욱 뿌듯하다.

　이때 한 학생이 자신의 컨디션이 좋지 않다며 보건교사인 나에게 다가왔다. 팔에 두드러기가 생겨 가렵다는 것이었다. 심각한 상태는 아니었으나 급한 대로 응급처치를 한 후 교실로 들어가라고 안내하였다. 하지만 학생은 이곳에 남아 모내기하는 친구들과 선생님들을 응원해 주고 싶다고 하였다. 치료 후 논에 들어가지 않고, 자신만의 방식으로 친구들이 좋아하는 노래를 들려주며 격려해 주었다. 이 모습을 보고 모내기는 단순한 농사 체험이 아니라는 것을 깨달았다. 공동체의 일원으로서 자신만의 역할을 찾았고, 그 과정에서 친구들과의 유대감이 더 깊어지는 것을 보았다.

　그 덕분인지 올해의 모내기는 모두가 한마음으로 참여하며 가장 빠른 시간 내, 누구도 불평 없이 즐겁게 마무리되었다. 이 경험을 통해 모내기가 단순히 벼를 심는 행위를 넘어, 공동체의 힘을 키우고 관계를 돈독히 하는 시간이라는 것을 다시금 느꼈다.

45

모내기 과정

매년 6월 진행되는 모내기 행사를 위해 학교는 철저한 준비를 한다. 연말 교육과정 평가에서, 모내기에 대한 학생, 학부모, 교직원의 피드백을 받아 분석한다. 올해 평가에서 모내기의 어려움에 대한 의견도 있었지만 폐지하자는 의견은 없었다. 그 이유는 무엇일까? 직접 모를 심는 과정에서 농부의 노력과 헌신을 경험하고, 지역사회에 봉사하는 시간을 가질 수 있기 때문이 아닐까? 또한 이런 피드백 과정 덕분에 모든 구성원이 모내기에 대한 가치를 공유할 수 있었고, 모내기의 목적에 대해 다시 한번 생각하게 되는 계기가 되었다.

모내기 활동을 조직할 때 학생, 교직원, 학부모의 전체적 업무 틀은 이미 마련되어 있으나, 세부적인 업무분담은 학급 회의를 통해 결정된다. 학급 회의에서는 학년별 논의 구역을 정하고, 각반 별로 못줄잡이, 모쟁이, 모판 전달자 등의 역할을 정한다. 이 외에도 드론 촬영하는 사람, 노동요를 관리하는 사람 등 추가로 필요한 세부 역할이 있을 경우 학급 회의를 통해 촘촘하게 계획한다. 이 과정 덕분에 모두가 각자의 역할을 명확히 이해하고, 공동체의 일원으로서 책임감을 느끼게 된다. 그 결과 한 사람도 소외되지 않고 모두가 참여할 수 있었다.

올해는 작년과 다르게 학생회에서 모내기 사전 교육을 실시했다. 작년에는 교장 선생님과 담임선생님 주관으로 모내기의 필요성을 교육했다. 그러다 보니, 자발적 동기가 부족했고, 이는 모내기 참여율에 영향을 주었다. 이를 반영하여 올해는 선생님 주관이 아닌 학생 주관으로 교육을 실시하였다. 학생들이 학생들에게 직접 전단지를 돌리며 모내기를 해야 하는 이유를 설명하였다. 아침 시간을 활용하여 동영상을 보며, 손 모내기 하는 방법을 익혔고, 자신의 역할을 인지하였다. 학생회 주최로 모내기 필요성을 교육하자, 학생들의 관심과 참여도가 눈에 띄게 높아졌다. 시켜서 하는 일이 아닌 자신의 일로 다가온 것이다. 덕분에 올해 모내기 행사는 가장 빠르고 효율적으로 진행되었다.

모내기 담당 업무

	업무 내용	일시	담당	업무
1	계획수립 및 총괄	~5월 24일	채○	계획수립, 교육자료 준비
2	전교사 협의회	5월 30일 08:30~09:00	채○ 전 교사	교사 및 학생지도 자료협의, 구역 나누기, 못줄잡이(반별 2명) 모쟁이 배정(반별 2~4명)
3	지역사회 협조	~5월 31일	박○자, 이○영, 채○	지역사회 협조 및 학부모 참여 희망 조사
4	학생 사전교육	5월 29일	학생회	포스터 제작 및 동기부여
		5월 31일	담임교사	학생 교육(교육 자료 및 동영상)
5	당일 체험활동 지도 교사	6월 5일	1학년: 송○영, 김○율, 김○지, 채○, 강○희 2학년: 김○진, 전○자, 안○자, 강○정, 김○숙 3학년: 김○경, 이○경, 심○영, 방○현, 김○리	못줄, 모쟁이 학생지도 각 구역 학생활동 지도 (불참 학생 및 도움반 지도 - 이○영)
6	보건	6월 5일	박○은	당일 학생보건 관리
7	사진 및 동영상 촬영	6월 5일	강○정	현관 동영상 상영, 교육용 영상 촬영, 당일 현장 촬영
8	풍물 길놀이	6월 5일	강○정	김○희(방과후 강사) 협조
9	중고 연계 지원	~6월 4일	강○정	풍물 모내기 교육 영상 촬영 협조

마을도 함께하는 모내기

　홍동면 팔괘리에는 아이들이 손모내기를 할 수 있도록 허락해주신 마을 주민의 논이 있다. 약 500평가량 되며 이곳에서 교육공동체가 함께 모를 심는다. 또한 마을 회관을 개방하여 학생들이 수도시설을 쓸 수 있도록 배려함으로써 마을과 학교가 긴밀하게 협력한다. 이로 인해 학생들은 모내기나 농업체험활동을 하면서 필요한 물을 손쉽게 공급받을 수 있고, 마을 주민들과 자연스럽게 교류하며 지역사회와의 유대감을 더욱 깊이 느낀다.

올해도 모내기가 무사히 끝났다. 매년 6월 초에 이루어지는 손모내기 행사는 홍동중학교의 전통으로 벌써 20여 년째 이어져 오고 있다. 4년간 참여했던 행사지만, 매해 피드백이 반영되어 더 발전하는 모습 덕분에 매해 새로웠다. 이번 모내기 역시 모두의 노력으로 성공리에 마무리되었고, 함께 사는 즐거움을 다시금 느낄 수 있는 뜻깊은 시간이었다.

무엇이든 할 수 있는 자율동아리

무엇이든 할 수 있는 자율동아리

홍동중학교에서는 방과후활동 이외에 15개의 자율동아리가 활발하게 이루어진다. 2024년은 다양한 주제의 동아리가 활성화되어 학생들, 선생님의 열정에 따라 더욱 풍부한 활동이 이루어진 한 한해였다.

3월 초 방과후활동이 정해지면, 전교생을 대상으로 자율동아리 희망자를 받는다. 이때 2가지 방식으로 동아리가 결성된다. 첫 번째 방법은 모든 과정을 학생이 주도적으로 하는 것이다. 동아리를 원하는 학생은 자유롭게 자신이 하고 싶은 주제로 동아리원을 스스로 모집하며, 지도교사도 직접 선정하여 부탁한다. 두 번째 방법은 교사가 학생과 하고 싶은 동아리를 만드는 것이다. 이때 동아리 취지 중 하나인 자발성을 최대한 살릴 수 있도록 구체적인 운영 목표와 계획을 세워 제출해야 한다. 이 과정에서 대부분의 동아리가 무학년제로 이루어진다. 때문에 홍동중학교에서는 엄격한 선후배보다는 친구처럼 돈독한 선후배가 형성된다.

분류	동아리명	활동 주제	목적
문화·예술	유닉	밴드 활동	동녘제 및 마을 축제 참가
	밴드	밴드 활동	동녘제 공연과 단합력 증진
	Passionate	밴드 활동	동녘제 무대 준비
	밴드동아리	밴드 활동	1학년과 함께 멋진 밴드 무대를 선보이고 싶다.
	독서동아리	독후 활동	어휘력과 문해력 향상
	미술 자율동아리	미술 활동	미술 실기대회 참여
	홍연	연극 활동	연기, 조명, 소품, 음향에 대해 배우기
	S.M.H	사진 및 영상 촬영 활동	사진, 영상 촬영 및 편집, 홍동중 유튜브에 업로드
	너울	댄스 활동	학교 행사 및 마을 행사 공연
인문·사회	다독다독	독후 활동	독서량을 높이고 집중력 향상
자연과학	우당탕탕 과학탐구	과학 실험	일상생활에서 쉽게 접할 수 있는 과학 실험하기
교과 활동	수학동아리	교과 활동	수학 복습, 심화학습
스포츠 활동	배인	배드민턴 활동	배드민턴 실력 향상, 기초체력 향상
기타	방송부	방송부 활동	방송 장비 관리 및 점심 방송 송출
	건갱동아리	건강관리 활동	건강한 체중 관리를 위한 운동모임

  교사는 동아리 학생 지도 시 자신이 좋아하는 일을 통해 공동체에 기여할 수 있도록 다양한 활동을 연계시킨다. 예를 들어 S.M.H에서 배운 촬영 기술을 가지고 동영상을 만들고 편집한다. 그들이 만든 영상은 학교행사 및 마을 행사에서 상영된다. 또한 방송부에서는 교내 방송뿐 아니라 마을 라디오의 DJ로 활동하며 마을의 소식을 알리고 주민들과 소통한다.

  자율동아리 활동은 정규교과 시간 이외에는 진행된다. 따라서 학생들은 점심시간이나, 수업 시간 종료 후에도 자발적으로 학교에 남아 동아리 활동에 임한다. 누가 시키지 않아도 서로의 시간을 존중하여 만날 약속을 정하며 책임감 있게 동아리 활동을 실천한다. 담당 교사들은 마을에서 열리는 축제 참가를 제안하거나, 스포츠 대회에 대한 정보를 제공하여 동아리 활동이 풍성해질 수 있도록 동기를 부여한다.

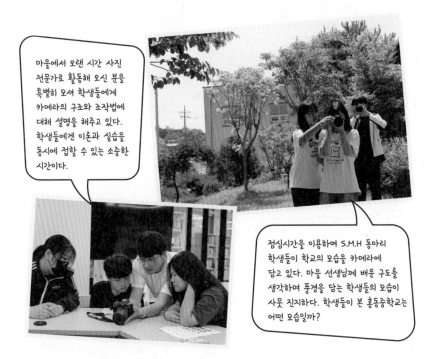

마을에서 오랜 시간 사진 전문가로 활동해 오신 분을 특별히 모셔 학생들에게 카메라의 구조와 조작법에 대해 설명을 해주고 있다. 학생들에겐 이론과 실습을 동시에 접할 수 있는 소중한 시간이다.

점심시간을 이용하여 S.M.H 동아리 학생들이 학교의 모습을 카메라에 담고 있다. 마을 선생님께 배운 구도를 생각하며 풍경을 담는 학생들의 모습이 사뭇 진지하다. 학생들이 본 홍동중학교는 어떤 모습일까?

자율동아리 활동의 결과는 마을 축제나 학교행사에서 꽃피우게 된다. 홍동마을에서 열리는 체육대회, 음악회에 참가하여 자신이 연습했던 것들을 마음껏 보여주고, 도 체육대회에 참가하여 자신의 실력을 겨루며 동아리를 진정으로 즐긴다.

마을에서 열리는 홍동뮤직페스티벌에 밴드부 1학년,
2학년 학생들이 공연을 하고 있다.
'무대가 없으면 무대를 만든다'라는 슬로건이
홍동중학교 학생들에게 참 잘 어울린다.
진정으로 무대를 즐기는 학생들 모습이 아름답다.

친구들과 함께 자신이 좋아하는 일을 열정을 갖고 멋진 결과물을 만들어 내는 학생들을 보며 교사인 나 또한 배우게 되고, 더 알찬 프로그램을 제공하기 위해 노력하게 된다.

우리는 건"갱"동아리

비교과 교사로서 홍동중학교 근무는 특별한 경험이다. 평소 나는 변화와 도전에 두려움을 갖고 있었다. 내가 하는 일이 다른 사람에게 주목받지 않았으면 하는 부끄러운 마음도 가지고 있었다. 하지만 홍동중학교에서는 모두가 이야기할 수 있다. 그렇다 보니 내 의견이 받아들여지는 경험이 계속되었고, 나에 대한 자신감도 얻게 되었다. 비교과 교사가 아닌 교사 '박조은'으로서 학생들을 위해 할 수 있는 일에 대해 고민할 수 있는 계기가 되었다. 그중에서도 내가 가장 많이 성장할 수 있었던 것은 자율동아리 활동이다.

홍동중학교의 비만율은 23%로 충남 청소년의 비만율보다 높았다. 이에 문제의식을 갖게 되었고, 건강동아리를 무학년제로 모집하게 되었다. 서로의 어색함을 풀어주기 위해 다양한 팀빌딩 활동과 짝활동을 기획했다. 동아리 속 관계맺음은 소속감을 더욱 강화시켰고, 동아리에 꾸준히 참여할 수 있는 동기가 되었다.

학생들과 동아리 활동을 하며 기억에 남는 것은 '아침 먹기 캠페인'을 실시한 것이다. 처음에 기획할 땐 건강한 음식 체험하기였다. 그런데 한 학생이 자신들이 만든 음식을 친구들과 함께 먹고 싶다는 의견을 내주었다. 이 의견을 발전시켜 전교생을 대상으로 '아침 먹기 캠페인'을 실시하였다.

캠페인을 실시하기 전 동아리 학생 중 참여 가능한 학생을 모집했고, 선생님께도 도움을 요청하였다. 캠페인의 취지와 목적을 설명하니 선생님들께서 기꺼이 마음을 내어주셨다. 캠페인 준비를 위해 각자 해야 하는 일들을 분담했고, 자신의 레시피를 알려주며 좋은 정보를 서로 공유했다. 또한 학생들의 아이디어를 반영하여 '주먹밥 복불복 코너'도 만들었다. 이른 시간 준비를 해야 했지만, 동아리 학생들이 주체가 되어 일을 분담하니 주먹밥 준비도 금방 이루어졌다.

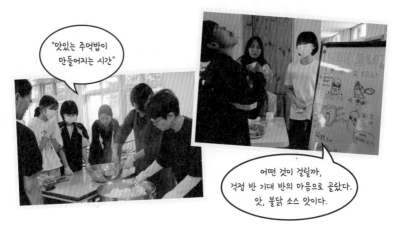

"맛있는 주먹밥이 만들어지는 시간"

어떤 것이 걸릴까, 걱정 반 기대 반의 마음으로 골랐다. 앗, 불닭 소스 맛이다.

동아리를 운영하며 선생님들과 학생들과 재밌는 활동을 많이 했다. 이 과정에서 함께하는 것이 자연스러웠고 즐거웠다. 같은 공간에서 같은 시간을 공유하며 배우는 과정을 통해 서로의 가치를 발견하고 존중하게 되었다.

소통으로 주인 되는 학생자치

처음 마주한 혁신학교에서의 학생자치

2021년 홍동중학교에 부임했다. 대부분의 학교가 간단한 입학, 개학식 후 담임교사와의 만남을 가진 뒤 교과 수업이 이루어졌던 것에 반해 '출발 교육과정'이라는 이름으로 전교생 자기소개부터 시작하여 선배들의 신입생 환영 공연, 모둠별로 신입생들에게 학교 소개하기 등의 프로그램이 교사의 개입 없이 오로지 학생자치단의 힘으로 진행되는 것을 봤다. 그동안 내가 알고 있던 간단한 입학식 후 교과 수업에 들어가는 3월 2일, 새 학기 첫날과는 다른, 처음 경험하는 3월 2일이었다. 신선했다. 한두 시간도 아니고 온종일 교사의 도움 없이 오롯이 학생회가 이끌어나가는 것이 놀라웠다. (물론 이제는 물밑에서 뒷받침하는 교사의 노고가 있었음을 안다.) 자치의 사전적 의미인 '자기 일을 스스로 다스림'이 눈앞에서 구현되는 느낌? 이것을 시작으로 2년간 곁에서 지켜본 홍동중학교의 학생자치는 이미 능동적이고 주체적이며 독립적이었다. (때로는 담당 교사가 섭섭함을 느낄 정도로…) 그렇게 2년을 보내고 3년 차 되는 2023년에 학생자치 담당 업무를 맡게 되었다.

학생회장단과 부장 선출

학생자치회의 시작은 학생회장단 및 각 부서의 부장 선출과정이다. 1월에 실시되는 학생회장단 선거를 위해 선거관리위원회를 꾸리는 것부터 시작했다. 이후 후보자 등록, 공약 심사, 선거운동 등을 거쳐 선거 전날 선거관리위원장과 부위원장의 진행으로 강당에서 전교생을 대상으로 회장단의 소견 및 공약 발표, 공개 질의·응답을 실시하여 검증 가능한 절차를 밟은 후 공정한 과정을 통해 학생회장단을 선출하였다. 각 부서 부장들의 선발 과정은 회장단 선거 직후 각 부서의 임원을 공개 모집해서 면접을 시행했다.

그동안 학생회 활동을 돌아보니 부서는 존재했지만, 명목뿐인 경우가 많았고, 주로 회장, 부회장, 3학년 임원들 위주로 행사가 기획되고 실행되는 것에 아쉬움이 있었다. 그래서 2024년에는 업무를 명확하게 분담하여 학생회 임원 모두가 주체가 되어 이끌어나가는 것이 작은 목표였다. 그리하여 모집 공고 시 학생들에게 각 부서의 역할을 명확하게 안내하고 홍보하는 것에 중점을 뒀다. 면접 전 공통질문과 부서별 업무에 관한 심층 질문을 성심성의껏 만들어 면접을 시행했다. 분위기는 꽤 진지하다. 지원자 모두 긴장한 기색이 역력하고 최선의 답변을 하기 위해 애쓰는 모습이 인상적이다.

회장단 후보의 소견 및
공약 발표 시간.
회장단 후보도 투표해요!

면접이 끝나면 합격자를 결정하기 위한 논의가 남아있다. 문항별 점검표가 있고, 정해진 심사기준도 있지만, 동점자가 나오는 일도 있고 또한 고른 성비, 업무능력과 개인의 인성 등 면접관마다 중요하게 생각하는 영역과 기준이 다르므로 치열한 논쟁이 벌어진다. 그 과정에서 각자의 주장만 내세우지 않고 타협과 조율 끝에 적합한 사람을 선정하여 학생자치단을 구성한다.

학생자치의 시작과 학생회 행사

홍동중학교 학생자치 활동은 2월 중순 학생회 임원들이 모여 확정된 학사일정표를 확인하고 학생회 연간 계획을 정하는 것에서부터 시작한다. 학생들은 자신들이 직접 짠 연간 계획을 실행할 수 있다는 마음에 매우 적극적으로 임한다. 이렇게 정해진 연간 계획을 바탕으로 학생자치 활동이 이루어진다. '출발 교육과정'부터 스승의 날 행사, 리더십캠프, 작은 체육대회, 작은 음악회, 한글날 행사, 학교 축제, 그 밖에 소소한 이벤트 행사까지 다양한 행사가 있다. 월별 행사는 보는 사람으로서는 간단해 보일지 몰라도 행사 진행 전 기획 회의부터 시작하여 본 행사 진행, 사후 평가 실시까지 여러 절차가 필요하다. 특히 사후 평가는 행사 종료 즉시 이루어지는 것이 좋다. 기억이 희미해지기 전에 좋았던 점, 아쉬웠던 점을 꼭 평가해보아야 같은 문제가 계속해서 발생하지 않을 수 있기 때문이다. 그리고 추진하는 과정에서 갈등과 변수가 생기기도 한다.

이렇듯 쉽지 않은 과정이지만 서로 하나하나 직접 기획하고 서로 소통하여 결정하고 실행해 나가는 과정을 통해 함께 성장하고 이를 기반으로 훌륭한 민주시민으로서 커나갈 수 있는 영양분이 되었으면 하는 바람이다.

'작은 음악회'를 마친 후.
매년 9월 점심시간에 중앙 현관에서
시낭송, 노래 등을 뽐내는 시간이다.

세월호 10주기 추모 행사
'기억과 사유의 이야기'.
영화 '드라이브95' 상영 후
학생회장의 진행으로 이루어진
감독님과의 만남.

'스승의 날' 행사 후, 전교생 그리고 교직원이 모두 모여 기념사진 한 장

공약 실천하기

학생자치회가 운영하는 매점 '해맛나'. 학생자치회는 스스로 내건 공약을 지키며 학교와 학생을 위해 봉사하고 있다. 2024년 학생회가 야심차게 내세운 공약 중 하나는 매점 운영이다. 매점의 성공적인 운영을 위해 학생회는 다양한 준비 작업을 거쳤다. 먼저, 매점 이름 공모전을 통해 '해맛나'라는 이름을 정하게 되었으며, 이후 매점 공간과 물품을 마련하는 작업이 본격적으로 시작되었다. 가격 설정, 재고 관리, 장부 작성 등 매점 운영에 필요한 모든 요소를 학생들이 직접 배우고 실습하면서, 본의 아니게 경영과 운영에 관한 것까지 익혀가고 있다. 이러한 실전 운영을 통해 경제 교육, 경영 및 운영의 중요성뿐 아니라 협력과 팀워크의 필

요성을 실감하게 되었다. 수시로 희망 메뉴 신청을 받고 현금만 받다가 계좌 사용도 허용하는 등 고객 서비스의 중요성도 학습하며, 매점을 이용하는 모든 학생에게 친절하고 만족스러운 서비스를 제공하기 위해 노력하고 있다.

운영이 처음이라 다소 부족한 점이 있을 수 있지만, 학생자치단은 모든 학생과 끊임없는 소통을 통해 개선하려는 자세를 유지하며 공약을 지키기 위해 힘쓰고 있다.

학생회실에 자리하고 있는 '해맛나'.
작지만 학생들에게 소소한 즐거움을 주는
공간이다.

곧 간단한 리모델링도 있을 계획.
기대하시길!

학교 내 교육활동과 관련된 것이라면 모든 학생이 자유롭게 의견을 제안할 수 있다. 학생 간 소통과 토의, 토론을 통해 스스로 해결함으로써 자치 능력을 키운다. 1년에 4회 이상 전교생이 모여 의견을 나누는 다모임을 열고, 그 외 사안이 있을 때마다 학급에 안건을 제시하고 반장, 부반장이 의견을 모은 후 대의원회를 연다. 학생자치회는 축제, 참여예산제, 현장체험학습 장소, 뮤지컬 주제, 학교 정책 제·개정 등 학교에서 이루어지는 모든 것들에 학생들의 의견을 반영하려고 애쓰고 있다.

일례로 2021년도 2학기 휴대폰 자율화 시행 여부가 뜨거운 감자로 떠올랐던 적이 있다. 여러 이야기가 오간 끝에 학생들에게 실시 여부를 맡기기로 하였고, 자율화 실시 여부와 규칙을 정하기 위해 학급 회의를 시작으로 다모임을 열고 전교생의 의견을 모았다. 그 후 대의원회를 거쳐 정책안을 만들었다. 이후 교장 선생님, 전 교사에게 정책안을 제시하고 협의한 끝에 자율화 실시가 최종 확정되었고 각 학급에 확정안을 알렸다.

이렇게 휴대폰 자율화는 시작되었고 학생자치단은 시행한 내용에 대해 끊임없이 평가하고 문제점이 생기면 개선방안을 찾는 과정을 밟았다. 학생과 교사로부터 불만 및 부작용이 제기되면 또다시 학급회의, 다모임을 통해 문제점에 관해 이야기하고 규정을 수정, 보완하였다. 이러한 과정을 거치면서 처음 자율화를 시작할 때 가졌던 우려에 비해 학생들이 규칙을 잘 따르는 분위기가 조성되어 큰 탈 없이 유지되고 있다. 누가 강압적으로 지시한 것이 아니라 학생 구성원 모두의 합의 끝에 결정

'다모임 시간'에 모둠별로 모여 앉아 각자의 의견을 작성하는 시간, 이것을 토대로 모둠별로 의견을 나눈 후 다른 모둠과 공유하고 토의하는 과정을 거친다.

되어 큰 잡음 없이 시행되고 있다는 생각이 든다. 학생자치회는 앞으로도 지속적인 소통을 통해 협력하여 문제를 해결하고, 공동의 목표를 달성하기 위해 노력할 것이다.

학생자치 활동의 핵심 - 소통

 학생자치를 이루는 여러 가지가 있겠지만 소통이 핵심이라고 이야기하고 싶다. 학생들이 스스로 의견을 제시하고 결정을 내리는 과정에서 소통과 협력은 필수적인 요소로 작용한다. 학교행사나 프로젝트를 기획할 때, 학생자치 임원들 간, 교사와 학생, 학생자치 임원과 학생들 간 각자의 의견을 나누는 것은 필수이다. 의견이 충돌할 때도 서로의 입장을 존중하며 대화를 통해 문제를 해결하는 과정이 필요하다. 이런 소통의 과정에서 학생들은 서로의 생각을 이해하고, 합리적인 결정을 내릴 수 있는 능력을 키울 수 있다.
 홍동중학교의 학생자치 활동은 지금껏 그래왔듯이 앞으로도 지속적으로 발전하며 학생들에게 중요한 교육적 경험을 제공할 것이다. 또한 학생들은 이러한 활동을 통해 책임감과 리더십을 배우고, 학교 공동체의 일원으로서 역할을 다하게 될 것이다. 이 모든 과정이 학생들에게 소중한 추억과 학습의 기회를 제공하며, 미래의 훌륭한 시민으로 성장하는 데 큰 도움이 되기를 기대한다.

학생들과 함께 내면의 빛을 찾아서

어느 날 내게 주어진 과제. 홍동중학교 혁신교육 10년을 담은 책을 발간하니 Wee 클래스와 관련된 주제로 3페이지 분량의 원고를 제출하라는 것. '도대체 무엇을 써야 하나?', '혁신학교의 Wee 클래스는 특별한 것이 있나? 아니 있어야 했나? 새내기라서 내가 모르는 것인가?'. 제법 긴 시간을 들여 고민해도 뾰족한 해결 방법을 찾을 수 없었다. 그렇다면 내가 할 수 있는 것은, 내 5개월의 경험을 솔직하게 쓰고 그 속에서 새롭게 생각하고 방향을 정립해 나가는 기회로 활용해 보자는 것이었다.

새내기 전문상담교사

나는 단 한 번도 교사를 꿈꾸어 본 적이 없다. 간호학사 출신으로 대학병원에서 일하던 나는 결혼과 동시에 아이들의 양육과 가사에만 집중을 해왔다. 그러던 중 첫째 아이가 다니고 있는 초등학교의 보건 인턴으로 잠시 일 할 기회를 얻게 되었다. 마음의 아픔을 미처 말로 표현하지 못하고 매시간 보건실에 와서 우회적으로 몸이 아프다고 하는 아이들을 보면서 학창 시절의 내가 떠올랐다.

'이 아이들 가까이에서 돌봄과 치유를 함께 할 수 있는 교사가 되고 싶다.'

막연한 이 생각은 내가 상담 공부를 시작하게 한 마중물이 되었다. 십 년이라는 시간을 돌고 돌아 부장 교사가 될 법한 나이에 임용고사에 합격하고 첫 발령을 받았다. 혁신학교가 가지고 있는 철학 또는 학교가 혁신되어야 하는 당위성에 대한 구체적인 이해가 없는 상태에서 10년째 혁신 교육을 실천하고 있는 학교에 부임하게 된 것이다. 더욱이 홍동중학교는 나의 모교이다.

혼란

함께 만들어가는 교육과정 주간을 통해 혁신학교라는 것이 공교육의 본질을 회복하고자 하는 실천 노력임을 알게 되었다. 학교 구성원 누구나 자기 의견을 마음 놓고 제시할 수 있는 수평적인 관계 속에서, 사람이 우선인 혁신학교는 내가 꿈꿔온 교육의 방향성과도 일치하고 있었다. 학교는 한 아이가 어른이 되어가는 과정과 어른이 되었을 때의 모습을 연결하는 다리라 생각한다. 스스로 자신이 누구인지를 알아갈 수 있도록 하는 곳이며, 학생이 미래에 대해 준비할 수 있는 기회를 주는 곳이 학교의 가장 큰 역할이라고 생각해 왔기 때문이다. 혁신학교에 대한 달콤한 기대와 상상들로 신규교사로서 첫 교직 생활을 시작하였다. 두 아이를 키우면서 학교와 교사에 대해 가졌던 불만과 불신의 벽을 깨뜨릴 수 있는 기회로 삼자는 생각과 함께.

너무 달콤한 기대와 상상을 했던 것일까? 현실 속의 혁신학교는 나의 상상과 기대와는 조금 괴리가 있었다. 홍동중학교에서 이루어지는 모든 과정이 혁신학교의 철학을 담고 있는 일이라고 믿지만, 과연 모든 구성원이 정말 그것의 가치를 인정하고 공감하는지 함께 생각해보고 싶어지는 시간이 많아졌다. 외부인의 시선에 가까운 신규교사에게는 오히려 혁신이라는 큰 벽을 쌓고 그 안에서만 소통하고 있는 모습들처럼 보일 때도 있었다. 친절함이 필요했다. 난 겨우 5개월 된 새내기 교사란 말이다. 어쩌면 이 문제는 나 같은 새내기 교사에게만 필요한 일은 아니리라 생각한다. 혁신학교가 아닌 곳에만 근무하다 우리 학교로 온 교사의 경우도 마찬가지일 것이다.

"학교 가기 싫다!"

첫 두 달이 지나고 내 마음속에서 가장 크게 외치던 소리였다. 그 무렵 나와 똑같은 마음을 가진 학생을 만났다. 차이가 있다면 나는 마음으로 외칠 뿐 몸은 학교에 와있고, 그 학생은 마음이 가는 대로 몸도 학교에 있지 않다는 것. 전학을 왔지만, 서류만 오고 정작 와야 할 학생은 단한 번도 등교하지 않는 상황이었다. 요즘 학교에서 심심치 않게 볼 수 있는 학업 중단의 위기에 있는 학생이었다.

'학교에 오지 않는 이유가 무엇인지?', '어떤 경험이 있었던 것인지?' 알수 있는 정보는 한 가지도 없었다. 가장 애타는 사람은 주 양육자인 엄마였다. 하지만 엄마의 간절한 바람이나 협박에 가까운 부탁도 아무런 상황의 변화를 끌어내지는 못하고 있었다. 학생을 직접 상담할 수 없는 상태에서 보호자와의 상담만으로 얻을 수 있는 정보는 한계가 있었다.

데자뷔 그리고 반전

전문상담교사가 되기 전 나는 한 사립고등학교에서 교육공무직 전문
상담사로 일한 적이 있었다. 그때도 이와 비슷한 학생이 있었다. 그 학생
은 끝내 학교를 떠났고 아무도 그 학생을 지켜주지 않았다. 나 나름대로
는 그 학생을 학교에 있게 하려고 최선을 다했지만, 그 방법은 미숙했고
이는 다른 구성원들과 충돌로 이어졌다. 이에 따라 생긴 불신과 앙금은
끝내 나마저 그 학교를 떠나게 했다.

지난 시간의 경험이 떠오르며 조금은 두려움도 생겼다. 이 문제를 풀
어나가기 위한 첫 만남에서 그 두려움은 사라지고 '어떻게 하면 이 학생
을 학교로 올 수 있게 할 수 있을까?' 하는 방법에 대한 고민이 시작되었
다. 두려움이 사라지게 된 원인은 무엇일까? 첫 만남 자리에서 느낀 감
정이었다. 적어도 우리 학교는 이 학생을 포기하지 않고 함께 갈 수 있는
방법을 찾을 것이다. 그 자리에 참석한 사람들이 한없이 따뜻하고 인간
적이어서 그런 느낌을 받지는 않았을 것이다. 난 여전히 불만이 있고 그
자리에 있는 사람들을 안 지도 겨우 두 달밖에 안 되었으니까. 그것은 우
리 학교가 10년의 세월 속에서 합의한 가치가 처음으로 내 피부에 와 닿
았기 때문이었다.

느려도, 달라도 모두가 함께 간다.

　우여곡절 끝에 학교 가기 싫어하는 선생과 학생의 상담이 시작되었다. 서로 아무 말 없이 상담 시간을 다 보내기도 하고, 약속한 시각에 나타나지 않는 꽤 지루하고 힘든 시간이 계속되었다. 학교는 학업중단숙려제를 안내하고 보호자는 그 제안을 받아들여 조금의 시간도 더 벌게 되었다. 어느 날 학생이 입을 열었다. 극적인 계기는 물론 없었다. 단지 있다면 학교가, 학교의 구성원이 충분히 기다려주었다는 것. 학생이 이야기를 하기 시작한 시간 이후는 온전히 나의 몫이었다. 나만의 역할이라 말하는 것이 아니다. 내 뒤에는 내가 이 전에 경험하지 못했던 학교라는 큰 울타리가 있었다. 나의 진단과 설정한 방향을 지지하고 같이 고민하고 때로는 힘을 모아 주는 동료가 있었다.
　2학기가 시작된 요즘 이 학생은 학교의 정해진 규칙대로 등교하며 모든 활동을 다 수행하고 있다. 방학 전까지 나와 동료 교사가 차에 태워 등교시켰던 그 학생에게 일어난 변화이다. 교사의 숭고한 희생과 보호자의 헌신적인 노력이 이 결과를 만들었을까? 이 변화의 핵심은 내가 막연한 기대와 어쩌면 환상으로 갖고 있던, 그래서 불만으로 가득했던 혁신학교 교육을 받은 학생들이었다. 같은 학년 학생들은 있는 그대로의 이 친구를 받아들였다. 필요 이상의 호기심으로 불편하게 하지 않고, 무관심으로 외롭게 하지 않으며 저절로 우리라는 마음을 느끼게 하는 학생들이었다. 저 어려운 일은 중 3학생들이 할 수 있는 것은 어쩌면 그들이 그런 교육을 받고 배움을 얻었기 때문은 아닐까?

교육의 혁신은 '나' 또한 주체로 서야 하는 일

Wee 클래스는 혁신학교나 아닌 곳이나 그 역할과 기능은 큰 차이는 없다. 차이가 있다면 위기 학생을 지원하는 고민과 방향을 함께 나누고 가장 좋은 방법을 찾는 과정상의 차이일 것이다. 한 아이의 문제를 풀어 나가기 위해 관련된 모든 이들이 함께 지혜를 모으는 과정, 문제 그 자체보다는 사람에게 집중하는 모습. 하지만 이 작은 차이가 일으키는 변화의 크기를 나는 실감했다.

이전의 경험으로 인해 가졌던 두려움은 제법 사라졌다. 수평적 민주주의가 자리 잡은 혁신학교에서는 '나'라는 한 구성원의 전문성이 충분히 존중받았기 때문이다. 이는 나뿐만 아니라 이 조직의 모든 구성원에게 공통으로 적용되는 일이라 확신한다. 다른 소리를 내는 것을 타인에 대한 공격이라 생각하지 않고, 다른 소리를 듣는 것이 나를 무시하는 것이 아니라는 것을 안다. 새내기의 시선으로 내가 학교에 가기 싫은 이유를 소거해 나가 보자. 누가 해주는 일이 아닌 나와 내 동료가 함께 만들어가야 할 일이다. 학교의 혁신은, 교육의 혁신은 나 또한 주체로 서야 하는 일이기 때문이다.

첫째, 생활교육과 전문 상담의 경계에 대한 충분한 논의가 이루어진다면?
둘째, 해결해야 할 사안의 개입과 처리에 관한 일관된 시스템이 구축된다면?
셋째, '다름을 존중하자', '잘 알겠습니다', '그런데~' 이 말을 안 쓴다면?

스스로, 서로, 함께 걷는 특수학급

장애 학생이 행복한 학교가 모두 행복한 학교

홍동중학교에 부임하게 된 것은 2021년도였다. 잠시 아이들과 헤어져 2년 동안의 파견 생활을 마치고 돌아온 학교 현장이었다. 새로운 관계들과 업무에 적응하느라 분주했다.

당시에는 특수학급이 두 학급이었다. 면 단위 중학교에서 두 개의 특수학급이 있는 학교는 많지 않을 것이다. 열 명이 넘는 특수교육대상학생이 있었지만, 교사도 두 명이어서 서로 의지가 많이 되었다. 이후에는 홍동면 지역 학생 수가 감소함에 따라 자연스럽게 특수교육대상학생도 줄어 한 학급이 되었다.

작은 학교를 찾아 읍내에서 오는 경우도 있지만, 홍동이나 장곡에서 초등학교를 다니던 학생들이 오는 것이 대부분이다. 마을에서의 관계가 이어짐에도 불구하고, 특수교육대상학생들은 학교 안에서 친밀한 관계를 형성하는 것이 어려움은 어떤 학교에서나 마찬가지인 것 같다. 학생들이 지닌 개별적 특성 때문일 수도 있고, 오랜 관계성에서 오는 고정적 이미지 때문이기도 하고 이유는 다양하다. 우리 학급 학생들에게서 가장 많이 듣는 말은 '친구가 없어 외롭다.', '(통합학급)교실에 있기 힘들다.'는 것이다.

한해의 학급살이를 시작하면서 가장 노력하는 것이 우리끼리 살펴주고 들어주고 즐겁게 소통하면서 식구가, 친구가 되는 것이다. 다름을 인정하지 못하는 행동이나 말 때문에 갈등하는 날도 있는데, 하루하루 지내다 보면 어느새 가장 가깝고 따뜻한 사이가 되어 서로를 기다리는 모습을 보게 된다.

우리 아이들이 서로에 대한 이해를 바탕으로 신뢰의 시선으로 바라보는 '우리들' 안에서 자신의 목소리를 내다보면 자존감이 높아지고 통합학급에서의 활동이나 관계에서도 편안하고 당당하게 자리매김을 할 날을 기대해 본다. 그렇지 않아도 괜찮다. 그저 문득문득 '아, 행복하다' 하고, 행복감을 찾아 느낄 수 있는 우리 아이들이길….

3월, 첫걸음

처음은 어색하다. 3월의 첫 2주는 통합학급 적응 기간으로, 친구들의 얼굴과 이름을 익히고 서로 혹은 각자 학교생활에 적응하는 시간을 갖는다. 이 기간에는 특수학급 수업을 하지 않고, 아이들을 관찰하고 면담하면서 연간 개별화교육계획을 세운다. 2주 동안의 적응 기간을 보내고,

우리 교실에 모여 서로 인사도 하고 수업 내용에 대한 오리엔테이션도
하는 시간을 가졌다. 쉬는 시간 마치고 교실에 들어섰는데, A가 엎드려
있고, 다른 아이들은 쉼터에서 얘기를 나누고 있다.

"선배들이 저 싫어하는 것 같아요"

A가 눈물을 보였다.

"무슨 말을 들었어?"

아이가 머뭇거리다 대답을 했다. 조그맣게 들려온 말을 종합해 보면,
무슨 말을 들은 건 아닌데 그런 느낌이 든다는 것이었다.

"A의 이야기를 잘 안 들어주는 것 같아?"
"네."
"응, 그렇구나. 샘이 선배들과 얘기 한 번 나눠볼게."

2, 3학년 아이들에게 모이자고 했다.

"샘 없는 동안 무슨 일이 있었니?"
"아니요."

아이들은 의아한 얼굴이다.

"너희들은 계속 함께 있었고, 이제 동생들이 들어온 거잖아. 그런데, B는 계속 도움을 받아야 하는 상황이라 우리가 많이 신경 써 주고 있는데, A는 아직 낯설기도 할 거고…. 그래서 조금 외롭기도 하고 그런 것 같아. 말할 때 귀담아들어 주고, 물어봐 주고, 같이 하자고 얘기하고 그러면 좋을 것 같아. 어때, 그럴 수 있을까?"

"네~"

아이들은 곧바로 A에게 다가가 어깨를 다독여 주거나, 표정을 살폈다. 그러자 A는 눈물을 참고 있었는지 엎드려 또 한 번 눈물을 흘렸다. 자신이 지지받는 환경인지 아닌지 살피는 아이. 처음 생활해 보는 중학교.

낯선 친구들과 낯선 교실에서 하루 중 많은 시간을 보내는 동안 얼마나 답답하고 힘들었을까. 누군가 나를 이해해주고 있고, 받아들여 주는 곳이 있음을 느끼게 되면 가둬두었던 눈물이 쏟아지기도 하는 것이다.

특수학급 수업 시간

특수학급 수업은 거의 차시를 묶어 구성하게 된다. 단체 대화창에 '오늘의 수업'에 대한 공지를 하긴 하지만, 제때 오지 못하는 학생들이 있으면 통합학급이나 이동 수업 교실에 가서 같이 오기도 하고, 급하게 행동 지원이 필요한 경우가 생겨 대처하게 되면 정작 수업이 이루어지는 시간은 45분 중 얼마 안 되기 때문이다.

글쓰기, 그림책 읽기, 수학 문장제 풀이, 영어 회화 등 기초학습과 수공예, 체육, 장보기와 생활 요리 등을 정규 수업으로 하고 목공과 원예 활동, 제빵이나 바리스타 수업을 방과후 활동으로 진행한다. 학교 일과 후에는 개별적으로 언어치료, 물리치료, 심리치료 등의 특수교육 서비스를 이용하는 아이들이 있어서 방과후 활동 시간이 일과 시간과 약간 맞물리는 부분은 어쩔 수 없다.

일과 시간에 장애인 체육센터로 체육 활동을 나간다거나, 장보기 활동을 위해 지역 마트에 다녀오는 것은 학교 이탈을 꿈꾸는 우리 아이들에게 큰 즐거움이다. 오며 가며 자신들이 좋아하는 노래를 선곡하여 듣기도 하고, 함께 수다를 떨기도 한다. 학교에 큰 행사가 있어 그 일정이 없어지게 되면 아이들에겐 하루치의 좌절을 안겨주는 것이다. 그 시간을 통해 아이들은 서로 가까워지고, 교사에게 못다 한 이야기를 내어놓기도 한다.

아이들은 친해지면 놀린다. 교사와도 마찬가지다. 활동 인솔 나갔다가 들어가는 길에, 닉네임에다가 마음에 들지 않는 말을 붙여 한참을 논다. '아이들이니까' 하며 참아야지 참아야지 하다가 한마디 해버린다.

"모모라고 부르던지, 선생님이라 부르던지. 모모귀신이라고 부를 거면 아예 부르지도 마!"

눈치를 읽었는지 "네." 대답하는 아이들. 괜히 머쓱하다. 아이들을 먼저 교실로 보내놓고 잠깐 숨 돌리고 올라가니, 평소와 다르게 조용하다.

'뭐 하고 있는 거지?' 특수학급 반장을 맡고 있는 C가 아이들을 모아놓고 학습 칠판에 뭔가 적고 있다.

〈우리의 약속〉

1. 욕하지 않는다.
2. 서로 무시하지 않는다.
.
.
.
7. 선생님을 놀리지 않는다.

7번에서 풋, 웃음이 터지고 말았다. 딴에는 선생님이 자기들 장난에 마음이 상했을까 봐 걱정되는 모양이었다. 아이들은 미안하다는 말을 그렇게 하기도 한다.

1학년 때부터 해마다 '출발 교육과정'을 통해 학급약속을 만들고, 공동체 생활협약을 하고, 회복적 서클 시간에 둘러앉아 대화를 나누는 학교 문화가 익숙해져서 좋은 점은, 함께 생각하고 누구나 자신의 목소리를 낼 기회를 주는 것을 당연하게 여긴다는 것이다.

지난주 국어 수업의 주제는 '운전면허증과 같이 어른면허증이 있다면?'이었다.

"'진짜 어른'이 되려면 어떤 점을 갖추어야 한다고 생각하나요? 책임감, 약속, 배려나 존중 같은 것이 있겠지요. 혹시 생각에 도움을 받고 싶다면, 칠판의 파란색 욕구 카드나 분홍색 느낌 카드 중에서 골라 와 보세요."

통합학급에서, 특수학급에서, 방과후 활동에서 느낌과 욕구 단어를 선택하는 데 거부감이 없기에 자신의 생각에 부합하는 단어 카드를 마음껏 골라온다.

긴장해야 하고, 퇴근도 필요하고, 법도 알아야 한단다. 그리고, 협력, 배움, 솔직함, 사랑, 희망, 안전, 꿈, 보호, 보살핌, 보람, 진실, 도전… 어른이 된다는 것은 이렇게나 다양한 역량이 필요한 프로젝트였던 것이다.

가르친다는 것은 어쩌면 교사가 배우는 과정이다. 잘 배우고 성장해서 더 깊은 의미를, 삶을 가르치라는 뜻으로 다가오기도 한다. 선생님들은 가끔 얘기한다. '장애 학생들에게 무엇을 해 주어야 할지 모르겠다'고. 나 역시 지혜로운 답을 해 드리지 못하고 머뭇거릴 때가 많다. 아이들의 성장이 발견되는 지점은 무궁무진한데, 그것은 형성평가에 쓸 수 없는 이야기이고, 성적으로 표현되지 않는 것들이기 때문이다.

관계를 맺어 주시라. 관계가 형성되어 타인에게 다가가기를 가로막던 방지턱이 낮아지면 자신을 말할 수 있게 되고, 여러 번 말하게 되면 자신을 알게 될 것이다. 서로 존중하고, 존중받는 경험을 통해 자존감이 향상되고, 이후에는 어떤 일에 더 의욕을 갖고 정성을 들이게 될 것이다. 그래서 나는 아이들이 놀리거나 선 넘는 행동을 할 때, 실은 속으로 미소가 번진다. 이만큼이나 가까워진 것이고, 지금이 그 선을 가르쳐줘야 할 때인 거라고. 그러나 나도 사람인지라, 낮고 자애로운 말투가 나오지 않을 때가 많다는 것이 함정이다.

준준상점 프로젝트

나는 아이들과 꼭 요리 수업을 한다. 첫 수업을 하면서 일 년 동안 어떤 요리를 할까 목록을 정하는 시간을 가진다. 선호하는 식재료나 좋아하는 음식을 떠올려 보기도 하고, 몸살을 낫게 하는 음식과 직접 만들어 보고 싶은 음식, 그리고 알레르기가 있는지도 알아본다.

수업 전날 다 함께 장을 보고, 다음날 요리를 한다. 달걀프라이와 밥 짓기에서 시작하여 간단한 반찬과 손님 초대를 위한 일품요리까지 만들어 예쁜 그릇에 담아 시식하거나 주위 선생님들을 모셔 대접하고 함께 먹는 시간을 가진다.

학교를 옮기는 해 첫 시간에는 큰 반응이 없다. 요리를 해 본 경험도

별로 없고, 원하는 요리 메뉴를 거의 말하지 않는다. 그러나, 한두 번 요리를 해서 먹어보고 나면 다음 요리 추천이 바로 들어온다. 한 해 수업과 학급살이의 분위기가 이 한 번의 수업에 달려있다고 해도 과언이 아니다. 그만큼 아이들의 다양한 모습을 발견할 수 있고, 아이들에게 매력으로 다가갈 수 있는 수업이기도 하다.

아이들과의 수업에서 바라는 것 한 가지는 아이들이 작은 목표를 세우고 그것이 동기가 되어 수업에 참여하고, 사람들과 관계 맺는 일이 즐거운 경험이 되는 것이다.

"선생님은 올해 우리가 요리 수업을 해서 판매해 보는 가게를 한번 해봤으면 좋겠어. 예를 들면, 반찬가게 같은…. 너희들은 어때?"

아이들의 질문이 쏟아졌다.

"누구한테 팔아요?"
"팔아도 돼요?"
"얼마 받아요?"
"음…. 일단은 선생님들께 팔면 어떨까, 하고. 너희들이 좋다고 하면 선생님들께 홍보해야지. 그리고, 우리가 수업 활동으로 하는 거니까 밖의 반찬가게보다는 저렴해야 하지 않을까?"
"네."
"그리고, 수익금이 생기면 개인적으로 받아 가고 싶어, 아니면 모아서 같이 쓰고 싶어?"

"개인적으로 받고 싶어요. 우리도 일을 하면 댓가를 받아야죠. 그런데, 같이 쓰는 건 어떻게 써요?"

"일부는 기부금을 내고, 일부를 함께 활동하는 데 쓰는 방법도 있고, 아니면 같이 여행을 가도 좋을 것 같아. 우리 한 번도 같이 여행을 못 갔었잖아."

"여행 가면 좋을 것 같아요."

"다 같이 여행 가요~ 여행 가면 B도 같이 갈 수 있어요?"

B는 휠체어를 사용하는 중증 장애학생이다.

"그럼~ 여행을 선택하면 다 같이 가는 거야."

다 함께 가는 여행이라는 말에 설레고 반가워하는 표정들이 보이고 마음이 모아지는 것이 보였다.

"너희들이 함께 여행 가는 것으로 마음을 모았으니, 나도 샘들께 어떻게 홍보하면 좋을지 고민해 볼게."

그날부터 친한 동료 선생님들께 슬쩍 얘기를 꺼내 보면서 아이들과 나눈 이야기를 실현할 방안에 대해 고민해 보았다. 혹여라도 수업활동의 결과물을 판매하는 것에 대해 불편해하는 선생님이 한 분이라도 있으면 안 되기에 활동의 의미와 필요성에 대해 더 깊이 생각하는 과정이 중요했다. 다행히 많은 분들이 격려와 기대를 표현해 주셨다.

준준상점은 약속이었다. 일주일에 한 번 함께 장을 보고, 요리를 하는 것은 무척 분주한 일정이었다. 게다가 대량 조리를 해 본 적이 거의 없으니 4인분으로 설정된 레시피를 30인분으로 바꿨을 때 맛이 있으리라는 확신을 하기가 어려웠다.

다행히 소비자 분들(교직원들)의 반응은 감사하게도 꽤 괜찮았다. 교직원들에게 반찬을 배송하는 금요일을 기다린다는 분, 덕분에 행복한 주말을 보내고 있다는 분도 계셨다. 교직원들께서 아이들의 이름을 부르며 너무 잘 먹었다는 인사를 해 주거나 다음 반찬을 예약해 주시고, 집에서 반찬통을 가지고 오셔서 '제로 웨이스트(ZERO WASTE)' 활동에도 함께 해 주시는 화답들이 힘이 되어 목표한 시기까지 활동을 이어 나갈 수 있었고, 방학을 앞둔 어느 햇살 좋은 날 우리는 수영장이 있는 펜션으로 여행을 떠났다.

2024.07.05. - 07.06.

학습도움실
여름 여행 다녀 올게요~

3월, 물해요) 오랑에 대해 얘기나눌 때
'함께 여행가기'가 많았습니다. 아이들은 꼭 함께 하룻밤을 보내고 싶다고
했고, 저는 아이들이 의미있는 일들 위해 손수 무언가를 만들어
판매해 보는 경제활동을 해 보기를 바랐습니다.
그 바램들을 모아 반찬을 만들어 파는 (준)준상점을 열었고,
멸치견과볶음 오징어채무침 차려 여름러덮조림
르색무침 오이김치 등 밑반찬을 정성껏 만들었습니다.
맛과 만듦새가 좀 덜해도 응원해 주신 선생님들 덕분에
아이들과 매주 소소한 기쁨을 나눌 수 있었습니다.
학습도움실 첫여행길 의미있게 겪고 오겠습니다.
고맙습니다^^

마을 선생님과 함께하는 목공과 원예 활동

특수교육 활동으로 다양한 경험을 쌓을 수 있도록 노력하지만, 교실에서의 활동으로 모든 것을 채울 수는 없다. 마을 안에서의 관계가 그렇다.

마을 선생님들 중에는 아이들을 어린이집, 초등학교 시절부터 아셨던 분들도 있고, 우리 학교로 강의를 오시는 분들도 계신다. 꼭 그런 인연이 아니더라도, 면사무소 소재지와 풀무학교 생협이 있는 갓골 주변을 산책하다 보면 마주치게 되는 마을 사람들 모두가 우리 아이들에게 이웃이고, 보이지 않는 든든한 울타리이다.

우리 아이들은 마을에서 자랐고, 어른이 될 것이고, 아마도 나보다 오래도록 머물며 살아갈 것이다. 장애가 있으면 한꺼번에 여러 가지 일을 잘 해내기는 어렵지만, 한 가지씩 꾸준히 연습하다 보면 여러 가지 일을 자기 나름대로 해낼 수 있다. 어떤 아이는 운동을 잘하고, 어떤 아이는 꼼꼼하고, 어떤 아이는 인사를 잘하고, 어떤 아이는 어려워하는 사람의 곁에 어떻게 있어 주어야 하는지 알고 있다. 이들이 성인이 되면 마을을 대표해 운동선수로 뛸 수도 있고, 공공기관을 찾는 어르신들을 돕고 말벗 역할을 할 수 있으며, 마을 곳곳의 무너지고 부서진 자리를 고치고 메울 수 있을 것이다. 마을에는 다양한 사람이 필요하다.

목공실에 머무는 것만으로도 마음이 편안해지지만, 기술을 익히는 것은 때론 지루하고 어렵다. 목공실 주변엔 나무와 풀이 많고, 냉난방 시설이 없다. 겨울엔 난로를 놓아 그나마 따뜻하지만, 여름이 지날 때까지 기승을 부리는 파리, 모기, 송충이 같은 벌레들과 숨 막히는 더위는 사람의 힘으로 어찌할 수가 없다. 그런 날들도 목공 수업은 계속된다.

자신이 사용할 가구나 소품을 만드는 것이 주 내용이지만, 집집마다 둘 수 있는 공간이 한정되어 있기 때문에 학교에 비치할 벤치나 수납함을 만들기도 한다.

마을 사는 선생님은 집의 에어컨 실외기 가리개를, 교장 선생님은 학교 곳곳에 미적인 포인트를 주어 보자고 주문해 주셨다. 다 함께 자를 들고 실측에 나선다. 워커(Walker, 보행 보조기)로 걸어야 하는 아이도 친구와 선배들이 측정하는 모습을 본다. 아이들이 학교로부터 배우고 익힌 따뜻함과 정성을 다른 이들에게도 나누고 기여할 수 있기를 바란다.

아이들은 선생님들과 대화 나누며 산책하는 시간을 좋아한다

서로 돕는 모습이 자연스럽다

우리 아이들이 커서 마을 사람들에게 좋은 이웃이자 울타리가 될 수 있을 때까지, 우리 아이들을 믿고 기다려 주며 따뜻하고 부드러운 시선으로 바라보아 줄 누군가가 필요하다. 그러한 만남으로 연결하는 것이 교사의 역할이고 책임이라 생각하기에, 방과후 활동만큼은 마을 안에서 하려고 노력하는 편이다. 일주일에 한 번, '갓골목공실'과 '꿈이 자라는 뜰' 농장에서의 시간은, 학교를 둘러싼 마을의 돌봄 안에서 자신이라는 틀을 깨고 얼마나 확장되고 성장하고 있는지 확인하게 해 준다.

톱질을 잘하게 되면 안전한 활동을 위해 내 몸과 주변에 신경을 쏟고 집중해야 함을 알게 되며, 전기 드릴이나 타카를 사용하여 나와 이웃의 필요를 위한 크고 작은 물건을 만들 수 있다. 모두가 직업적인 목수나 농부가 될 수는 없겠지만, 자신이 사는 집 주변에 메리골드와 한련화를 심어 가꾸고 풍성해진 쌈 채소 한 소쿠리에 오이, 참외를 따서 가까이 사는 벗들을 불러 저녁 식사를 함께 나눌 수 있을 것이다.

아이들이 마을 안에서 모두와 더불어 풍요로운 일상을 가꿀 수 있도록 돕고 싶다.

특수학급 수업 구성

	월	화	수	목	금
1	학습	특수체육	수공예		
2					
3				장보기	요리
4					
5	직업교육 (제빵)	목공예		원예치료	
6					
7					

2장.

배움이 즐거운 수업

시 창작 프로젝트, 배움 중심 국어 수업

    시 창작 수업의 목적은 전문적인 시인을 길러내기 위함이 아니라 자기 마음속에 남아있는 장면과 감정을 언어로 풀어내도록 돕는 일이며 궁극적으로는 시를 즐겨 읽는 독자가 되도록 하는 데 있다. 시를 읽고 쓰는 일이 일상이 된다면 삶을 좀 더 가치 있고 의미 있게 살 수 있다는 점에서 매우 중요하지만, 시를 창작하는 일은 교사나 학생들 모두에게 부담스럽게 다가온다. 그래서 좀 더디고 천천히 가더라도 학생들에게 배움과 성장이 일어나는 과정 중심 프로젝트 설계가 필요했다. 본 프로젝트의 대 주제는 「상징과 비유를 이용하여 시를 창작하고 시화로 완성하기」이다. 이를 도달하기 위한 과정별 수업 주제를 「시집 읽기 및 감상시집 만들기(5시간)」 - 「모둠 창작시 완성(3시간)」 - 「개인 창작시 완성 및 발표(4시간)」 등 단계별 총 12차시로 구상하여 진행했다. 그러나 학생들의 속도에 따라 예정된 시간은 +α가 되곤 한다.

시와 친해지기

교과서로 만나는 시 외에는 시집 한 권을 온전히 읽어보지 않은 중학생들이 쉽게 시와 친해지려면 어떻게 해야 할까? 초등학생이라는 꼬리표를 막 뗀 중학교 1학년 학생들도 쉽고 재미있게 읽고 공감할 수 있는 시집은 없을까? 이런 고민 끝에 발견한 시집이 창비교육에서 펴낸 「청소년시선 30」이었다. 청소년 시집은 청소년들이 느끼는 불안 걱정, 몸과 마음의 변화, 이성에 대한 호기심 등 아이들의 가슴에서 나오는 말들을 청소년의 시각과 언어로 솔직하게 표현한 시들로 시 읽기를 어려워하는 학생들도 쉽게 공감하고 쉽게 친해질 수 있는 시집이다.

시를 창작하기 전, 시 읽기 활동을 먼저 시작하는 이유는 시를 읽으면서 자신의 상황과 경험을 떠올릴 수 있는 시적 공감과 감수성을 경험하게 하는 데 있다. 또한 공감이 가는 시를 필사(4편)하고 시적 상황에 맞는 이미지를 그림으로 그려보고 공감의 이유와 감상을 적어보는 「나만의 감상시집」 만들기 활동(5시간) 또한 느린 속도지만 시와 자연스럽게 친해질 수 있는 시간이 된다.

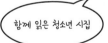
함께 읽은 청소년 시집

「나만의 감상 시집」 만들기

시를 필사한 후
감상평을 자유롭게 적어요.

첫사랑

헤어진 지
    열흘이 됐다.
나는,
앞으로도 박용으로 좋을 것이다

세월이
    약이라면

—감상평

첫사랑을 잊지 못해 마음이 아파
세월이 흐른다는 이야기를 '세월이 약이다'라는
속담(?) 옛말(?)에 빗대어 공감이
되어 좀 슬펐다. 약간 중의법을 읽을 것
같긴 하지만 비유적 표현과 주제에 맞춰
괜찮은 시 란다는 생각이 들었다.

어쩌라고요

아빠가 화난 목소리로 말할 때 대답을 하면
—이게 어디서 아빠한테 꼬박꼬박 말대꾸야!

아빠가 화난 목소리로 말할 때 가만히 있으면
—아빠 말이 뭐 같잖아? 왜 대답을 안 해!

아빠가 화난 목소리로 말할 때 씨름을 내면
—어휴, 너 같으로 들은이라 뭐라 하고 싶은 말이!

감 상 평

*아빠도 화가라나, 자녀도 부녀부터 오래게 주려다.
아빠게 대한 감이 서버아에 어도 진나로 맞춤이라 맞찾한 마음을
쉽게 상상하는 시선 것 같습니다.
정말 사다고 혼낸 때 아빠가게 행동하가 문제다
아빠를 마은 도 그렸어도, 가만이 있으면 저녁데도, 게다가게 저
리다는 사람이 처비~ 도 이런상황을 모면되 말할 요나오!
모든 아빠들에 시선이 공감가며 공감기게 분도 많겠지니다
엄마가 '천천히 화를 설마 엄마 딸 말랬습니다
화처럼 이게게 이렇게도 천천이 받으려 우리속다 첫으려지
생각해면서 인체 '다렇게' 어리면 씨이 맞히거리도 공감되게
쓸데없는 것도 맞는 것 같데도 그거도 이름들을 지켜아키고 어겨지하도!

"시의 의미가 무척 현실적인 것 같아
공감이 된다."

친구들의 감상시집에
용기의 댓글 써주기

"나도 오랜만에
할머니 음식이
먹고 싶어졌어."

"정말 슬픈 시다. 세월호에 관련된 시 같다.
시에 많은 의미들이 담겨 있는 것 같은데도 시가 잔잔하다.
나도 이 시를 읽으면서 '가슴이 먹먹해지는' 느낌이 들었다."

친구들과 함께 도전해 보는 모둠 창작시 완성하기

청소년 시집을 읽고 감상평을 적는 동안 학생들은 시에 사용된 비유와 상징이 작품에서 어떻게 드러나고, 작품의 전체 의미를 형성하는 데 어떻게 기여하는지 자연스럽게 이해하게 된다. 하지만 저마다 이해의 속도와 자신감이 다르므로 개인별 시 창작 단계로 넘어가는 것은 여전히 두려움으로 다가올 수 있다. 하지만 함께라면 용기가 나지 않을까? 두 번째 프로젝트 과제는「모둠 창작시 완성하기」이다.

모둠별로 주어진 과제는 '학교 주변을 돌아다니다 우린 많은 것을 보았지'라는 주제의 창작시 완성하기이다. 단, 조건은 동물, 식물, 곤충, 자연물 중 구체적인 대상 하나를 선택하여 그의 시각과 마음으로 관찰하고 표현하기이다. 시의 형식은 2연 이상이어야 하며 각 연에 구성될 행은 모둠원들의 숫자만큼 문장으로 완성하는 것이다. 이 활동을 통해 학생들은 비슷한 구절을 나열할 때 운율이 형성되고 대상에 소리, 색깔, 냄새, 모양 등으로 구체화하면 심상이 드러나는 시가 된다는 걸 경험하게 된다. 그리고 마지막으로 세상을 바라보는 대상의 마음이 어떠했을지를 표현해 주면 시의 주제가 완성된다.

민들레 홀씨의 여행

박채희, 김연우, 최지명

〈모둠 창작시 완성 작품〉

나는 오늘 많은 것을 보았네
신난 강아지 꼬리처럼 왔다 갔다 삼바 춤을 추는 강아지풀
외로운 듯 고개를 푹 숙인 둥근 우산 손잡이
어디서든지 행복하면 춤추는 나비
꽃이 핀 곳만 찾아가는 이기적인 벌

나는 오늘 많은 것을 보았네
풀꽃들을 간지럽히는 개구쟁이 바람
뛰어노는 아이들이 없어 심심한 운동장
녹아 흐르는 아이스크림이 흘러내리는 눈물 같아
불쌍한 아이스크림 막대기

나는 오늘 많은 것을 보았네
침대처럼 푹신한 잔디
기차처럼 줄지어 다니는 바쁜 개미들
바다처럼 시원한 넓은 하늘
에어컨 작동하는 것처럼 옆에만 가도 속이 뻥
뚫리는 소나무

앞만 보며 이리저리 흔들렸던 내 인생
오늘은 위를 향해 마음껏 날았네
이제 다시 내가 가야 할 길 찾아가야지

보도블록의 하루

최시연, 곽재호, 이도윤, 김용범

나는 오늘 많은 것을 보았네
종이비행기처럼 가벼운 몸짓으로 하늘을 누비는 새들
메아리처럼 운동장을 가득 울리게 소리 지르는 아이들
세월과 상관없다는 듯 늘 굳게 서 있는 나무

나는 오늘 많은 것을 보았네
사계절 각각 새로운 얼굴을 내미는 꽃들
산성비를 맞았나 탈모가 진행 중인 잔디
모두에게 편안함과 쉼을 선물하는 정자

매일이 갑갑한 나의 하루
나의 하루에 작은 변화가 생긴다면
그건 아마 셀렘 가득한 아이들의 발걸음 소리일 것이라네

97

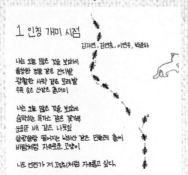

1. 인칭 개미 시점

김지연, 김려효, 이건우, 박윤하

나는 오늘 많은 것을 보았네
웅장한 건물 같은 잔디밭
광활한 사막 같은 모래밭
우뚝 솟은 산같은 흙더미

나는 오늘 많은 것을 보았네
숨막히는 독가스 같은 꽃가루
둥둥뜬 배 같은 나뭇잎
살랑살랑 떨어지는 낙하산 같은 민들레 홀씨
바람처럼 자유로운 고양이

나도 언젠가 저 고양이처럼 자유롭고 싶다.

학교앞고양이

강준, 김리아,은서, 양영훈

나는 오늘 많은것을 보았네.
공연장처럼 시끌벅적한 소리가 새어나오는 학교
낭떠러지처럼 시원한 정자
솜사탕처럼 포드라운 향기가 나는 민들레

나는 오늘 많은것을 보았네.
한입물어보고 싶은 자동차만 불긋불긋한 감
산같이 높이 높은 분구름과
하얗고 몽글몽글한 이별같은 구름

나도 나만의 개성을 입으면 좋겠다.

깡. 탕! 데구르르

김라도, 김수진, 김승원, 조혜정

내 꿈은 재활용이 되는 캔
오늘도 무슨 일이 생기려나...

깡!

나는 친구공이 되기도 한다
오늘따라 용솟은 바람

오늘은 무슨일이 생기려나...

파 지 직!

나는 전처럼 남작하게 눌리기도 한다.
오늘따라 쓰라린 상처

오늘은 무슨 일이 생기려나...

어!

환경 미화원이 나에게로 걸어온다.
"나도 드디어 재활용을"
그런에 들리는 소리
"에휴 으려버려"
나는 소각장으로 가게 되었다.
나는 때 소각장 엔딩 인거야!ㄱ

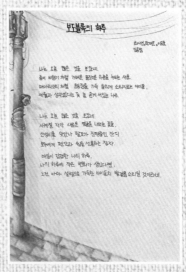

보도블록의 하루

최지연,최재민, 이유진, 김동엽

나는 오늘 많은 것을 보았네.
총이 비행기처럼 가뿐한 발걸음 유유를 누비는 사람
마이크소리 처럼 운동장을, 가득 울리려 소리치겠는 아이들
세월과 성격같은데도 늘 늘 곁에 서있는 나무.

나는 오늘 많은 것을 보았네
사계절 각각 사분은 색깔을 내뿜는 꽃잎,
산성비를 맞았나 파릇파릇 진액흐르는 잔디
모두에게 똑같으나 항상 선물하는 전자.

매일이 길었던 나의 하루,
나의 하루에 작은 변화가 생기나면,
그건 아아 사탕같으로 가득찬 아이들의 발걸음 소리,였던 것이리라네.

"학교 앞 고양이가 되어 한번 돌아다녀 볼까?"

"우린 오늘 개미가 되어 학교를 관찰해 보는거야"

"오늘 하루 보도블록이 되어 보는 건 어때?"

민들레 홀씨의 여행

우리가 본 세상

나무의 세월이 흐른 뒤

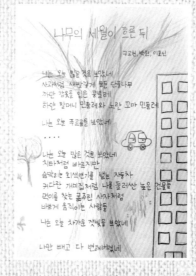

"야! 저기 날아다니는 민들레 홀씨가 되어보자!"

99

야! 이게 시라면 나도 쓸 수 있겠는데?

모둠 창작시를 완성하는 과정에서 학생들은 시의 3요소인 운율, 심상, 주제가 서로 어떻게 유기적으로 연결되어 있는지를 경험하게 된다. "야! 이게 시라면 나도 쓸 수 있겠는데?" 어설퍼도 좋아 일단 도전이 중요해. 드디어 「개인 창작시 완성 및 발표(4시간)」인 최종 프로젝트 단계이다. 이 과정은 실시간 서로의 시를 읽고 감상의 결과를 공유하는 활동 또한 매우 중요하다. 그래서 친구들의 시를 읽고 용기를 내어 시를 창작할 수 있도록 학급별 국어 밴드를 만들었다. 이곳은 개인 창작시를 시화로 제작하여 1학기 동안 자유롭게 올리고 함께 소통할 수 있는 사이버 공간이다.

앱을 이용하여 시의 내용과 배경 화면을 선정하고 자신의 시를 만들어 올리면 국어 수업을 시작하기 전 밴드에 올라온 친구들의 올린 시화 작품을 감상하고 댓글을 달아주는 활동을 5분 정도 갖는다. 이때 유의 사항은 서로에게 용기를 주는 댓글을 달아주는 것이다. 이 활동을 통해 우리 학교 1학년 학생들 36명은 65편 이상의 시를 창작하게 되는 성과를 이루었다.

국어 밴드 개설

아이들이 자유롭게 개인 창작시를 이곳에 올리면 친구들이 감상평을 댓글로 달아줘요.

"우와! 항상 너의 시를 읽으면 깊은 전율이 느껴져."

"항상 성실하게 보이던 너도 인간적인 면이 있었구나~! 시를 읽으면 너의 진짜 모습을 알 수 있어."

개인 창작시 발표하기

학교종

강순

비오는 날 개구리소리처럼
왁자지껄한 쉬는시간이
끝날때마다 들리는 너의 소리

너의 소리를 들으면
공부생각에
바람 빠지는 풍선처럼
마음속으로 지그시 돌리는 한숨

일정한 간격으로 소리나는 시곗바늘처럼
지루한 수업시간이 끝날때마다
들리는 너의 소리

너의 소리를 들으면
시끄러운 아이들 소리에
따라하기 좋아하는 앵무새처럼
덩달아 재잘재잘 커지는 내 목소리

너의 소리만 듣고도
나는 이렇게 마음이 확확 바뀐다.

시간은

박채희

시간은 황금 손을 가진 의사
길고 아픈
상처에도
시간의 손길만 닿으면
치료되니까

시간은 뭇말리는 청개구리
빨리 가라 하면
늦게 가고
늦게 가라 하면
빨리 가니까

시간은 소문 난 상담사
괴롭히던 고민도
시간의 입김만 닿으면
싹 사라지니까

시간은 비겁한 도둑
동의 없이
기억과 목숨을
마음대로 훔쳐가니까

우리들의 배움과 성장 이야기를 들어봤어요~

〈배움 성장 소감문〉

모둠 창작시 활동에서 서로 같이 한 편의 시를 쓰다 보니 한 소재에 대해 여러 다양한 이야기를 들어볼 수 있어서 의미 있고 뜻깊었던 것 같아요.

모둠 활동을 통해 협동심이 생기고 내가 생각 못 한 비유 표현을 친구가 생각해 내서 더 많고 재미있는 비유 표현을 경험할 수 있었던 것 같아요.

모둠과 함께 활동하며 비유 표현을 찾고, 시를 창작하는 재미도 느낄 수 있었고 친구들에게 배울 점을 찾을 수 있어서 좋았어요.

시는 항상 혼자 썼었는데 친구들과 같이 쓴다는 점이 새롭고 재미있었습니다.

모둠 창작시를 쓰면서 친구들의 많은 생각들이 모여지는 게 신기했고 서로 소통하는 시간이 너무 즐거웠어요.

모둠 창작시 활동을 통해 비유 표현의 뜻과 시를 쓰는 법, 운율을 만드는 법을 알게 되어서 너무 좋았습니다.

시를 마음대로 쓰는 줄 알았는데 연, 운율, 행 등 다양한 게 있다는 걸 알게 돼서 신기했습니다.

서로 쓴 시를 보고 댓글을 달아주는 활동이 재미있었고, 모둠원들과 함께 학교를 돌아다니며 시를 쓰는 활동이 재미있었어요.

내가 쓴 시를 친구들과 함께 이야기해 볼 수 있는 시간이 있어서 좋았고 친구들의 시도 같이 이야기하면서 공감도 되고 친구들의 시를 읽는 게 재미있고 댓글로 느낀 점을 쓸 수 있는 게 좋았어요.

개인 창작시를 만드는 게 좋았다. 내 마음에 영감이 떠올랐을 때 바로 쓸 수 있다는 게 행복했습니다.

개인 창작시 쓰기를 할 때 오늘 하루를 돌아보면서 비유 표현을 통해 나를 표현하는 활동을 하니 더 찬란해지고 롱롱 튀는 시선으로 세상을 볼 수 있게 된 것 같아요.

시를 어떻게 창작해야 하는지 알게 돼서 좋았어요.

개인 창작시를 써서 밴드에 올리는 활동이 참 좋았어요. 일상에서 시를 쓸 일이 거의 없는데 이번 활동을 하며 시를 많이 쓸 수 있고 시와 더 친해질 수 있었던 것 같아요. 어떤 주제에 생각이 나면 시를 쓴 생각을 하며 머릿속 생각을 더 아름다운 문장으로 만들 수 있었고요. 또 밴드라는 앱 속에서 나의 시를 공유할 수 있고 친구들이 쓴 시를 감상할 수 있어서 좋았어요. 계속 시를 창작하며 공유하고 싶습니다.

개인 창작시 쓰기 활동을 통해 상상력이 풍부해진 것 같아요.

감상시집 만들기가 좋았습니다. 왜냐면 시를 찾으며 시집을 만드는 게 신기하고 참신해서 시집 만들기가 좋았습니다.

개인 창작시를 밴드에 올리니까 다른 애들 것도 구경하고 내 것을 만드는 데 도움이 되었습니다.

밴드에 창작 시화를 만들어 직접 올리는 활동이 참 재미있었어요.

개인 창작시 쓰기 활동에서 내가 평소에 쓰고 싶었던 시를 많이 쓸 수 있어서 좋았습니다.

개인 창작시 쓰기 활동은 내가 시를 쓰며 더 많이 생각해 보는 경험을 가질 수 있었습니다.

시를 쓰고 친구들의 시에 댓글 다는 일이 재미있었어요.

서로 쓴 시를 보고 댓글을 쓴 게 재미있었고 학교를 돌아다니며 모둠원들과 시를 쓴 것도 재미있었어요.

친구들이 쓴 시를 읽다 보니 친구들이 정말 시인이 쓴 것처럼 잘 쓰고 어색한 부분이 없었던 것 같아 놀라웠어요.

시 쓰기 수업 활동은 내게 어떤 배움과 성장이 있었나요?

서로쓴 시를 보고 댓글을 쓰게 재미있었고, 학교를 돌아다니면서 시를 모둠원과 쓴것도 재미 있었다.

시를 쓰면서 시 비유표현의 뜻과 시를 쓰는법, 운율을 하는법을 알게 되어서 모둠 시쓰기가 좋았다.

"나만의 감상시집 만들기- 모둠 창작시- 개인 창작시 완성 및 발표 과정 중에서 배우고 성장한 이야기들을 들어봤어요."

제주 4·3 바로 알기, 바로 알리기 프로젝트

계기교육 프로젝트를 시작하다

달력을 보면 3·1절, 4·19혁명, 8·15 광복절 등 다양한 역사적 사건을 기리는 기념일이 있다. 현장의 역사 교사들에게는 이런 기념일을 잊지 않고 아이들에게 '계기교육'을 해야 할 의무가 있지만 진도의 압박과 교과서에서 이 사건들을 자세히 다루고 있지 않다는 등의 이유로 간단하게 설명하고 넘어가는 경우가 많다. 이로 인해 '달력에 적혀있는 수많은 기념일을 우리 아이들이 무심코 지나치고 있는 건 아닐까?'라는 문제의식을 느끼게 되어 작년부터 꾸준히 계기교육 프로젝트를 진행하고 있다. 최소한 달력에 적혀있는 기념일이 왜 만들어졌고, 어떤 사건을 추모하고 기념하는 날인지는 알아야 진정으로 역사를 배우는 이유, 즉 '역사의 쓸모'를 몸소 느낄 수 있다고 생각했기 때문이다.

올해 첫 관외 내신을 써 홍성으로 전입하게 된 나는 홍동중학교에 발령받았을 때 느꼈던 설렘을 잊지 못한다. 인권감수성이 풍부한 아이들이 많기로 유명한 이 학교에서 작년부터 내가 진행해왔던 계기교육 프로젝트를 실현한다면 아이들도, 내 수업도 한층 성장할 수 있겠다는 생각을 했기 때문이다. 1학기 달력 속 수많은 기념일이 있지만 인권감수성이 풍부한 우리 아이들에게는 '제주 4·3'이 '딱'이겠다라는 생각을 하게 됐고, 학교에 채 적응하지도 못한 3월이었지만 아이들과 제주 '4·3 계기교육 프로젝트'를 시작하게 되었다.

'제주 4·3 바로 알기, 바로 알리기 프로젝트'를 계획하다

특히 현대사와 관련된 기념일은 해당 사건을 바로 알고, 기억하게 하는 것으로 연결되어 우리나라 교육과정이 지향하는 '앎과 삶이 하나가 되는 수업'에 가깝다. 하지만 교과서 속 제주 4·3에 대한 내용은 1~2줄 정도로만 간략하게 나와 있는 게 전부였다. 게다가 제주 4·3은 특별법을 통해 사건에 대한 정의가 내려졌지만, 아직도 4월 제주에는 전혀 다른 성격의 문구가 담긴 현수막이 걸릴 정도로 사건에 대한 인식이 저마다 다르다. 그러나 제주 4·3은 국가 권력에 의해 수많은 제주도민이 억울하게 학살된 사건이기에 국가에 의한 인권 침해를 막고 평화를 영구히 정착시키기 위해 우리 아이들이 반드시 알아야 할 주제라고 생각했다. 이에 제주 4·3의 과정을 바로 알고, 이를 교육공동체에 바로 알리는 무려 16차시에 걸친 '제주 4·3 바로 알기, 바로 알리기 프로젝트'를 계획하게 되었다.

제주 4·3 바로 알기, 바로 알리기 프로젝트의 흐름

차시	내용
1~2차시	책 『빗창』 읽고, 이 책의 핵심어 골라 이유 쓰기 및 핵심어 칠판 나누기
2~3차시	SBS 꼬리에 꼬리를 무는 그날 이야기 73회 〈백골 시신과 시멘트 - 1948, 사라진 사람들〉 함께 보기
4차시	제주 4·3평화재단의 「4·3이 뭐우까」 자료를 활용한 학습지로 제주 4·3의 과정 학습하기
5차시	제주 4·3을 보다 깊이 이해할 수 있는 모둠별 '최고의 질문' 만들기
6차시	학생들이 직접 만든 질문을 토론 논제로 재구성하여 제주 4·3에 대해 토론하기
7차시	제주 4·3걸개그림 개인별 디자인 후 모둠 내에서 공유하기
8차시	제주 4·3걸개그림 모둠별 디자인
9~12차시	제주 4·3걸개그림 채색 및 발표자료 준비
4/3 아침 시간	제주 4·3걸개그림 등굣길 발표회
13차시	제주 4·3프로젝트 성찰지 및 소감문 작성
14~15차시	제주 4·3읽기자료 토대로 제주 4·3의 정의, 과정, 기억해야 하는 이유 서논술 연습
16차시	제주 4·3서논술 평가

제주 4·3의 시작이라 볼 수 있는 '3·1 발포 사건' 걸개그림 작품을 설명하는 아이들

열심히 제주 4·3 걸개그림을 채색하고 있는 아이들(총파업 사건을 표현하고 있음)

4월 한 달간
학교 담장에 게시된
제주 4·3 걸개그림

혁신교육을 통해 성장한 아이들의 모습을 마주하다

이 프로젝트를 시작한 게 3월 중순이었고 마친 게 4월 초였는데, 대략 한 달 만에 그간 홍동중학교만의 혁신교육을 통해 성장한 아이들의 모습을 마주할 수 있었다. 내가 느낀 우리 아이들의 최대 강점은 '자신의 생각을 누군가에게 이야기하는 것에 주저하지 않는다.'는 것이다. 홍동중학교에 부임하기 전 총 3개의 학교에서 각각 4년씩 중학생을 가르쳤는데 홍동중학교와 같은 규모의 6학급 학교도 있었고, 면에 있는 전교생 37명의 작은 학교도 있었으며, 전체 15학급의 읍에 있는 여자중학교도 있었다. 12년간 중학생들을 가르친, 이제 나름 경력교사라고 말할 수 있는 나에게 이렇게 자신의 생각을 누군가에게 이야기하는 것에 거리낌이 없는 아이들은 처음이었다. 아이들은 자신의 생각을 이야기하는 것에 거리낌이 없을 뿐만 아니라 그 생각에 깊이도 있었다. 제주 4·3이라는, 아이들에게는 이름만 들어봤을 뿐 (이름마저도 들어보지 못했을 수도 있는) 그 과정이 어떠했는지는 자세히 알 수 없었던, 그런 어려운 주제를 공부하면서도 아이들은 자신의 생각을 짝꿍과 모둠 친구들과 나누며 스스로 배움의 깊이를 더해갔다. 그 배움의 깊이를 보여주는 단적인 사례를 소개해 보면 바로 아이들이 만들어낸 '제주 4·3을 보다 깊이 이해할 수 있는 질문'이다.

* 포고령 후 해안선 5km 내의 사람들의 삶은 어땠을까?
(산으로 올라간 사람들이 '빨갱이'가 되고, 그로 인해 피바람이 부는 사회
속에서 평범한 사람들의 마음)

* 제주 4·3이 아직 끝나지 않은 '현재 진행형'의 사건이라면,
대한민국은 현재 민주주의 사회라고 볼 수 있을까?

* 제주도민들은 왜 선거를 거부했을까?
(제주 내 총 3개의 선거구 중 1곳에서만 선거가 가능했고, 2곳에서는 선거가
진행되지 못했다.)

* 만약 제주 4·3 같은 일이 서울에서 일어났다면 우리 역사는
어떻게 됐을까?

* 만약 이승만이 아닌 김구가 정권을 잡았다면 그때도 제주 4·3이
일어났을까? 우리 역사가 과연 많이 바뀌었을까?

* 제주에서는 왜 유난히 단독정부 수립에 반대했을까?

* 제주 4·3이 일어난 이후, 제주도 사람들에게 제주도가 어땠을까?
계속 살고 싶었을까?

* 우리나라가 남한 단독정부가 아닌 통일 정부였다면 어땠을까?

* 제주를 빨갱이섬이라 규정짓고 민간인 학살을 주도한
서북청년회는 정말 악한 존재였을까?

* 제주 4·3에 이름을 지어준다면 어떤 이름을 지어줄 수 있을까?

자연스럽게 혁신학교의 공동체 일원으로 녹아들다

'제주 4·3을 주제로 프로젝트 수업을 잘 진행할 수 있을까?'

'제주 4·3의 과정이 워낙 길기도 하고 여전히 제주 내에서도 4·3과 관련한 이념 논쟁이 지속되고 있는데 이걸 수업에 가져와서 무려 16차시의 프로젝트 수업으로 진행하는 것이 과연 타당할까?'

우리가 기억하고 추모해야 할 사건들이 이념 논쟁의 소재로 소비되는 것이 싫은 역사 교사지만 여러 가지 상황에 대해서 많은 고민을 할 수밖에 없었다. 하지만 우리 아이들은 내가 생각했던 것보다 훨씬 깊이 있게 핵심어를 찾았고, 토론 논제에 대해 이야기 나누었으며, 무엇보다도 제주 4·3의 과정을 설명하면서도 총 8개 모둠의 협동을 잘 보여주는 걸개그림을 완벽하게 만들어냈다. 4월 3일 등굣길 발표회에 모든 교직원이 나와 학생들의 발표를 듣는 모습에서 그간 나와는 멀게만 느껴졌던 혁신학교에 나와 내 수업이 아이들을 매개로 자연스럽게 녹아드는 것 같은 느낌을 받을 수 있었다.

"탄압이면 투쟁이다"
1948년의 제주 4·3 무장 봉기 걸개그림

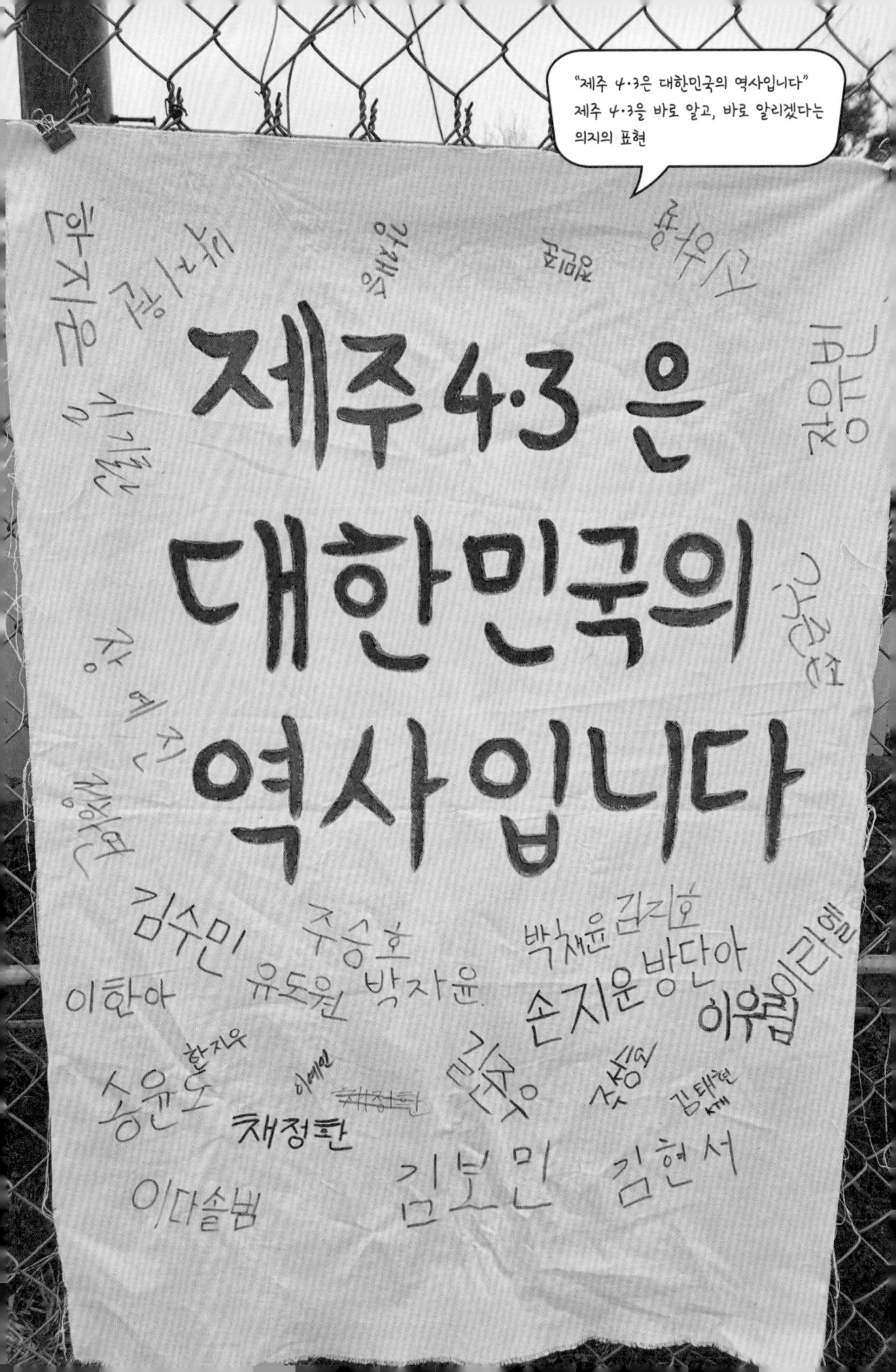
"제주 4·3은 대한민국의 역사입니다"
제주 4·3을 바로 알고, 바로 알리겠다는
의지의 표현
제주4·3은
대한민국의
역사입니다

앞으로 꾸려나가고 싶은 수업,
그리고 내가 바라는 학교의 모습

혁신교육으로 성장한 우리 아이들에게 더 큰 배움의 날개를 달아주기 위해서는 다양한 프로젝트 수업이 필요하다고 생각한다. 나는 그 수업이 '독서'를 기반으로 한 프로젝트가 되길 바란다. 요즘 아이들에게서 문해력이 떨어지는 문제들이 자주 보이는데 이를 독서 기반 프로젝트 수업으로 보완할 수 있을 것이다. 또한 프로젝트 수업의 특성상 하나의 프로젝트를 꾸려나가는 데 많은 시간이 필요한데, 수업 시수에 제한이 있으므로 다양한 프로젝트 수업을 위해서는 학기 초 교과 협의회를 통해 교과별 성취기준을 분석하여 유사한 성취기준을 중복으로 가르치지 않고 통합해서 가르쳐야 한다. 이에 따라 프로젝트를 위한 충분한 시간을 확보함과 동시에 진정한 의미의 교과 융합 프로젝트가 실현될 수 있을 것이다. 이를 위해서는 무엇보다도 교사들에게 '수업'과 '평가'에 몰두할 수 있는 환경이 조성되어야 한다. 학교의 모든 구성원이 진정한 의미의 '수업 혁신'을 이룰 수 있도록 지원하는 것에 초점을 두고 협력하길 바란다.

홍동백서 洪東白書,
홍성에서 아침을 가장 먼저 맞이하는
홍동마을 이야기
- '우리 마을 지도 만들기 프로젝트' -

홍동마을과의 인연

홍동마을은 전국구로 유명하다. 친환경 농업의 성지, 우리나라 최초의 대안학교이자 농업학교인 풀무학교가 있는 곳, 유기농 특구, 한국 유기농 역사의 시작, 전국 최초 협동조합, 오리농법 등등 홍동마을을 상징하는 용어는 이렇게나 다양하다.

이런 홍동마을 속 유일한 중학교인 홍동중학교에 올해 처음 부임하게 된 나는 홍동마을과 특별한 인연이 있다. 나는 대학생 때 사범대학 누리사업(정부의 국책사업으로 지방대학혁신역량강화사업)으로 풀무학교에 견학을 왔었고, 작은 농촌 마을에 전공부까지 있는 학교가 있다니 그저 신기했던 기억이 난다. 하루는 다이어트를 하는데 떡이 너무 먹고 싶어서 다이어트할 때도 먹을 수 있는 건강한 떡을 찾다가 홍동마을의 '유기방아'를 알게 됐다. 또한 건강한 식자재를 팔아 내가 아이를 키우며 자주 이용했던 한 인터넷 마켓에서는 나의 소울푸드인 떡볶이 밀키트를 팔았는데 이것도 바로 홍동마을에서 만들어진 제품이었다. 뿐만 아니라 한때 전국의 다양한 유아 체험 장소를 찾아다닌 내가 만난 자연 친화적인 숲체험 장소가 있었으니 바로 홍동마을의 '무지개 숲 놀이터'였다.

이렇게 유명한 홍동마을에서 마을교육으로 유명한 홍동중학교에 내가 발령을 받게 되다니…. 아이들과 홍동마을과 관련된 무언가를 만들어내지 않으면 안 될 것 같다는 느낌을 받게 되었다!

우리 마을 지도 만들기 프로젝트를 계획하다

중학교 1학년이 되어 사회 시간에 처음 만나는 단원은 '내가 사는 세계'라는 단원이다. 이 단원에서는 다양한 지도 읽기, 위치와 인간 생활, 지리 정보와 지리 정보 기술 등을 배우는데 지리 전공자가 아닌 나에게는 참 어렵고 부담스러운 단원이었다. 아이들과 함께 홍동마을과 관련해 특별한 무언가를 만들어내고 싶은데 이 단원과 연결해보면 좋겠다는 생각을 했지만 전공자가 아닌지라 부담이 되었다. 그래서 '어떻게 하면 나의 부족한 전문성을 보완할 방법이 있을까?' 이것저것 검색하던 차, 한 사이트를 알게 되었는데, 그 사이트의 메인 화면에는 이런 문구가 있었다.

"내가 사는 곳의 이야기를 가장 자세하게 담을 수 있는 사람은 나뿐이에요."

이 문구가 내 마음에 '쿡' 하고 박혔다. 나의 부족한 전문성을 채워줄 수 있는 사람은 다름 아닌 우리 아이들이라는 것을 이 문구를 통해 깨달았기 때문이다. 마을에서 나고 자라 마을에 대해 속속들이 알고 있는 우리 아이들이 교사인 내가 다소 부족할지라도 의미있는 산출물을 만들어줄 수 있겠다는 생각이 들었기에 바로 업체에 연락을 했고 강사 선생님과 상의 후 이렇게 수업을 계획했다.

우리 마을 지도 만들기 프로젝트의 흐름

차시	내용
1차시	'우리 마을 지도에 어떤 것들이 들어가면 좋을까?'브레인스토밍 (우리 마을 지도에 담고 싶은 구체적인 장소를 적고 이유를 써서 칠판에 붙인 후 목록으로 만들기)
2차시	모둠별 자료 조사용 활동지 배부
3차시	모둠별로 조사한 내용 정리해보고, 학급 전체에서 조사 결과 공유
4차시	마을 곳곳 돌아보기(필드 리서치)
5~6차시	강사 선생님과의 지도 제작 아이디에이션 및 목업(MOKE-UP) 지도 만들기 ('목업(MOKE-UP)'이란 실제 제품을 만들어보기 전, 디자인 검토를 위해 실물과 비슷하게 제품을 만들어보는 과정과 결과물)
7~8차시	지도에 들어갈 그림 그리기
9차시	완제품 받아본 후 프로젝트 성찰지 작성

마을 곳곳을 돌아보는 필드 리서치 시간,
아이들에게 배우다

하늘이 참 예뻤던 5월 8일, 아이들과 딱 1시간 동안 필드 리서치 활동을 하러 학교를 나서 마을로 향했다. 애향공원, ㅋㅋ만화방, 우리동네의원, 홍동 로컬푸드(하나로마트), CU, 홍동면 보건지소, 홍동여성농업인센터, 갓골 어린이집, 밝맑도서관, 갓골빵집, 홍동초등학교 등 아이들이 지도에 담기로 했던 여러 장소에 가보았다. 3월에 발령을 받고 두 달이 지나서야 직접 걸어서 홍동마을을 탐방하게 된 나는 '왜 진작 마을 곳곳을 둘러보지 않았을까, 마을 곳곳을 둘러보았다면 내가 이 학교에 더 쉽게 적응할 수 있었을텐데…'라는 생각을 하게 되었다. 사실 이전까지 3~4월 두 달 동안 학교에서 적응하는 데 어려움을 겪었던 나에게 아이들이 가르쳐주는 홍동마을 이야기는 내 마음 속 홍동마을과 홍동중학교에 대한 애정을 싹 틔우는 시작이 되었다.

즐거웠던 필드 리서치 시간,
밝맑도서관 그늘 앞에서

강사 선생님과의 지도 아이디에이션,
톡톡 튀는 아이디어가 나오다

5월 14일, 서울에서 내려오신 강사 선생님과 지도 아이디에이션 시간을 가졌다. 1반과 2반 각각 2시간씩 아이디에이션 시간을 가졌는데, 먼저 강사 선생님이 학생들과 작업했던 여러 결과물을 보여주셨고 사각형의 지도에서 탈피해 참신한 지도 아이디어가 나올 수 있는 분위기가 형성되었다. 아이들은 강사 선생님과 함께 다양한 모양의 목업(MOKE-UP) 지도를 만들어 보았고, 우리 마을의 이야기를 담아낼 수 있는 제목을 정해보았다. 이때 한 남학생이 '배홍동비빔면' 이야기를 꺼냈다. 순식간에 아이들 모두 '배홍동비빔면' 아이디어에 꽂혔고, 결국 우리가 만든 지도의 이름은 '로컬 비빔 홍동면'이 되었다. 이 아이디어 덕분에 배홍동비빔면의 포장지 겉면처럼 하늘색 배경에 빨간색 동그라미가 군데군데 박혀있고, 가운데에는 ㅋㅋ만화방, 홍동초등학교, 홍동중학교, 밝맑도서관 등이 조화롭게 담긴 비빔면이 그려진 결과물이 나왔다. 또 다른 아이디어는 수업 맨 마지막에 나왔던 '홍동백서'였다. 한 여학생이 '홍동'이라는 말이 들어간 용어를 이야기하다가 제사를 지낼 때 붉은 과일은 동쪽에, 흰 과일은 서쪽에 놓는 예절인 '홍동백서(紅東白西)'가 나온 것이었다. 이 홍동백서의 한자를 조금 바꾸면 '홍동에 대한 모든 것'이라는 뜻을 가진 '홍동백서(洪東白書)'가 된다. 홍성의 동쪽에 위치해 홍동면이 된 우리 마을은 홍성에서 아침을 가장 먼저 맞이하는 지역이 되는데, 홍동백서라는 한자에 이 이야기를 담아 해가 떠오르는 활기찬 모습을 담은 결과물이 나오게 되었다.

강사 선생님과의 지도 아이디에이션 시간, '홍동백서' 아이디어를 내는 여학생

자기 손으로 만든 특별한 지도와 굿즈를 만나게 된 아이들

7월 중순 방학을 맞기 직전, 수차례의 피드백을 거쳐 완성된 지도가 인쇄되어 드디어 학교에 도착했다. 아이들은 자기 손으로 만든 특별한 지도를 살펴보며 감탄사를 연발했다. 그때 들었던 한 여학생의 말은 '역시 중학교는 다르네!'였다. 뿐만 아니라 아이들은 성찰지에 '홍동에 이런 곳이?! 모르는 곳도 알게 되어 뿌듯했다', '이건 지도의 혁명이야!', '이게 바로 내가 만든 지도라며 자랑하고 싶은 지도가 생겼다' 등의 소감을 적어냈다.

또한 아이들이 만들어낸 지도 디자인을 응용해 다양한 학교 굿즈를 만들어냈다. 우선 학교에서 유인물이 나갈 때 반드시 쓰게 되는 서류 봉투와 우편 봉투를 제작했고, 아이들이 각종 프린트물을 챙겨 넣어 보관할 수 있는 L자 파일도 제작했다. 전교생에게 L자 파일을 나눠주었더니 '이게

1학년 애들이 만든 거라고?!'라는 말이 나올 정도로 예쁜 굿즈에 많은 아이들이 감탄하였다. 이렇게 만들어진 지도와 L자 파일을 가지고 직접 중학교 1학년 아이들이 홍동초등학교에 방문해 6학년 동생들에게 우리 마을 지도를 소개하는 활동을 진행할 예정이다. 이런 활동은 자연스럽게 초-중 연계 교육의 밑거름이 될 것이기에 홍동마을을 매개로 연결되는 교육 현장을 만드는 데 기여할 것이다.

자기 손으로 직접 만든 우리 마을 지도를 들고, 뿌듯한 마음으로 찰칵!

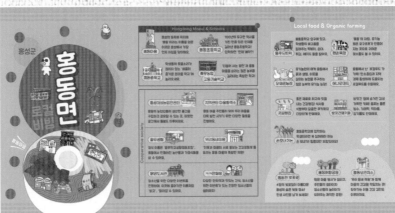

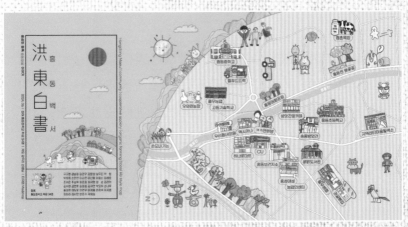

내 인생의 뮤지컬

농촌에 사는 아이들은 뮤지컬을 관람하기 어렵다. 서울에 유명한 뮤지컬을 보러 가려고 해도 1년 전에 예산을 편성하고 계획을 세워야 하고, 당일에도 버스를 타고 왕복 6시간 이상 이동해야 한다. 새벽부터 출발해 뮤지컬 한 편을 보고 집에 돌아오면 밤 11시가 넘는다. 그럼에도 불구하고 아이들에게 문화생활을 누리게 해주고 싶은 것이 보호자, 교사의 마음이다.

홍동중학교에 발령받아 왔을 때, 가장 놀란 것은 모든 학생이 뮤지컬에 참여하는 것이다. 학기 초 학급에서 뮤지컬 주제를 토의하고 학생회 차원에서 뮤지컬 주제를 선정한다. 올해는 '로맨스', '동화', '호러', '코믹' 등의 주제가 선정되었다. 이후 다모임을 거쳐 학급별로 뮤지컬 주제가 결정된다. 학생들만으로 대본을 제작하고 뮤지컬을 완성하기에는 어려움이 있다. 그래서 대본을 쓰는 과정에서부터 학교에서는 뮤지컬 전문 강사를 학급별로 8시간 이상 초청해서 아이들과 뮤지컬을 함께 만들어 간다.

학급 뮤지컬 대본 리딩 중인 아이들
- 모두 진지하게 임한다.

교실에서 리허설 중인 아이들
- 실전처럼 준비한다.

다음은 학급 뮤지컬을 경험한 아이의 경험담이다.

  이번 학급 뮤지컬은 1학기 말인 7월 19일에 막을 올렸다.
2학기 기말고사의 끝과 겨울방학의 시작을 알리던 예년의 학급
뮤지컬과는 과연 사뭇 다른 느낌이었다. 몇몇 학생들은 걱정스러운
표정으로 연말 행사 느낌이 안 날 것 같아 아쉽다고 얘기하기도 했다.
하지만 우리는 여름 뮤지컬 나름대로의 매력에 흠뻑 빠질 수 있었다.
당일 설레고 기대감이 가득 찬 얼굴들만 봐도 짐작할 수 있었으니. 아마
우리뿐만 아니라 관객분들 모두 그러셨을 거라 생각한다. 중요한 건
시기가 아니라 우리의 노력과 그에 따른 결실이었다는 것을 이번 학급
뮤지컬을 통해 알게 되었다.

  앞서 말했듯이 학급 뮤지컬을 7월 19일 즉, 우리는 학기말고사가
끝나자마자 학급 뮤지컬 준비를 시작해야 했다.
소위 말하는 빡센 일정을 소화했다고 할 수
있겠다. 특히 이번 연도에는 더욱 시간이 없어
시험을 치르기 전 대의원회 회의를 거쳐 주제를
정하는 열정까지 보였다. 그만큼 학급 뮤지컬에
대한 마음이 진심이었다.

  학급 뮤지컬. 말 그대로 한 학급이 뮤지컬을
기획하고, 역할을 나누고, 대본을 쓰고,
소품을 제작하고… 하나부터 열까지
합을 맞춘다. 그 말인즉슨 친구들과
어느 때보다 대화를 많이 하고 좋든
싫든 붙어있어야 한다는 뜻이다.
일단 각 반에서 의견을 모으고

제목: 사랑인가 봐
(2학년 2반)

제목: 지성이의 하루
(2학년 1반)

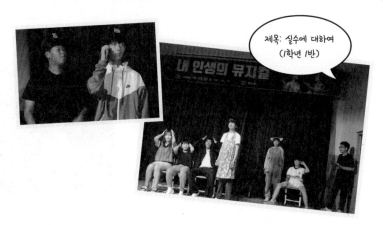

선정하는 것부터 쉽지만은 않은 일이다. 그래도 다행인 것은 의견이
없어서 어려웠던 것은 아니었다. 우리는 끊임없이 재밌는 상상을 하고
아이디어들을 쏟아냈다. 평소엔 볼 기회가 없었던 친구들의 상상력과
기획력에 감탄했던 기억이 많다. 하지만 그 아이디어의 양만큼 의견
차이가 있었던 것은 자연스레 짐작할 수 있다. 그 당시에는 지치기도
했지만 지금 생각해보면 /학년 때에 비하면 우리가 많이 성장했구나,
나름대로 각자, 또 함께 많이 노력해서 그래도 잘 넘어갔구나' 하는
생각이 든다. 6개의 학급 중 3개의 학급이 같은 소재를 정했던, 다시
생각해봐도 아찔한 일이 있기도 했지만 한 학급의
배려로 이 또한 잘 넘겼었다.

　정말 감사하게도 훌륭하신 연극 선생님이 두 번의
월요일마다 수업을 해주셨다. 첫 번째 수업을 하기
전 우리는 역할 분담을 하고 배역을 나누었다. 과연
잘 나눴다고 자부할 수 있을 정도로 한 사람, 한
사람의 장점과 마음을 잘 살폈다. 몇몇 친구들은 처음
배역을 맡았을 때 이걸 어떻게 하냐고 앓는 소리를 하기도
했지만 이내 진심으로 그 배역에 몰입하는 것을 볼 수 있었다. 우리 반이
이렇게, 또 저렇게 낑낑대는 사이 우리 반의 위대한 반장은 훌륭한

대본을 완성했다. 소재는 최근 흥행작이었던
〈인사이드아웃 2〉. 우리는 〈지성이의 하루〉라는
이름으로 뮤지컬을 올리기로 했다. 지성이라는
학생의 하루를 긍정이, 곱발진이, 좌절이,
기검이, 욕망이의 시선으로 따라가는
내용이다. 첫 번째 연극 수업은 대본 리딩을
하고 연극 선생님이 우리가 발견하지

제목: 백설공주
(1학년 2반)

못했던 디테일을 챙겨주셨다. 그 장면들마다 딱 알맞은 노래를
제안해주실 때마다 우리는 놀라움이 섞인 감탄을 자아냈다.
　　앞서 말했던 일들이 없었다면 어떻게 뮤지컬을 만들었겠냐마는
진짜 시작은 우리끼리 연습을 시작한 화요일이었다. 우리는 뮤지컬인
만큼 세븐틴의 〈예쁘다〉를 춤으로 선보이기로 해서 춤 연습을 먼저
했다. 내가 춤을 정말 못 춰서 걱정을 많이 했는데 다행히도 나처럼
춤에 자신 없는 친구들과 춤을 잘 추는 친구들을 고려해서 파트를
정했다. 이 배려 덕분에 정말 멋진 퍼포먼스를 준비할 수 있었다.
자신의 수준에 맞는 난이도라 더 열심히 할 수 있었던 것 같다.
다시 한번 춤을 완성하는 데 일등공신을 한 춤신춤왕들에게 고마움을
전하고 싶다. 사실 다른 반은 벌써 연기 연습을 시작했다는
소리를 들으니 조바심이 나기도 했었다. 하지만 반장이 중심을 잘
잡아주어서 무사히 춤 연습과 연기 연습을 적절히 할 수 있었다.
이처럼 연습 스타일의 차이로 인한 갈등이 조금 있었는데, 바로
디테일을 먼저 하냐 실전처럼 쭉 해보는 거냐였다. 완벽한 비율의
연습은 아직도 모르겠다만, 우리 모두 진심이었으니까 생겨난
갈등이었으며 결코 소모적인 일이 아니었다는 것을 잘 알게 되었다.
그 갈등 덕분에 우리에게 필요한 연습을 할 수 있었기 때문이다.

어느 정도 연기와 동선 연습을 한 후 두 번째 연극 수업을 받았다. 선생님의 수많은 경험에서 나오는 팁들을 배울 수 있었다. 또한 우리끼리 몇십 분을 얘기해도 안 풀리던 문제들도 선생님의 몇 마디로 정리가 되는 등 정말 유익한 시간이었다.

선생님의 조언에 따라 우리는 또 연습을 해야 했다. 게다가 그 주의 금요일이 학급 뮤지컬을 올리는 날이었기 때문에 연습에 열을 올려야 하는 시기였다. 하지만 우리는 지칠 대로 지쳤었다. 왜냐하면, 각자는 나름대로 최선을 다하고 있었지만 서로의 노력을 완벽히 알 길은 없어 서운한 마음이 생긴 것이라고 나는 추측한다. 부끄럽지만 나 또한 그랬으니 말이다. 고맙게도 힘을 내준 친구들 덕분에 피식 웃으며 다시 열심히 할 수 있었다.

제목: 너네도 있어?
(3학년 2반)

약 2주간의 연습 기간 동안 정말 많은 일들이 있었다. 앞서 말했듯이 우린 좋든 싫든 붙어있어야 했다. 그 당시에는 힘들기만 했던 것 같은데 돌아보니 좋아서 붙어있었던 적이 더 많은 것 같다. 평소엔 말수가 별로 없던 친구가 배역에 몰입하고 적극적으로 아이디어를 내는 모습, 친구들과 하교 후 늦은 시간까지 소품을 만들며 함께 힘듦을 공유했던 소중한 순간들, 처음엔 부끄러워했지만 금세 몰입하는 멋진 친구들, 안 풀리던 문제를 신박하고 재밌는 아이디어를 내서 극복했을 때의 짜릿함. 무지개 빛깔 구슬을 닮은 이 순간들이 모여 어느새 한 뮤지컬을 완성했다. 그리고 어느새 우리의 결실을

제목: 달려구르 꿈 백화점
(3학년 1반)

129

보여줄 결전의 날이 다가왔다!

   그 전날엔 우리 뮤지컬의 부족한 부분만 보이고 어떻게 내일 무대를 올리나 걱정을 많이 했었다. 그런데 당일 아침이 되니 설레는 감정만이 남아있었다. 그래도 최선을 다했던가 보다.

   불행인지 다행인지 우리(2-1)는 학급 뮤지컬의 첫 번째 순서였다. 나는 감정들 중 욕망이를 연기했다. 능글맞음을 능청스럽게 연기해야 하는 캐릭터여서 소위 말하는 현타(현실 자각타임)가 오기도 했다. 하지만 사람들이 내 연기를 보고 웃는 모습이, 그게 그렇게 뿌듯했다. 나뿐만 아니라 다섯 감정들과 지성이 모두 캐릭터에 꼭 맞는 연기를 해주었다. 다른 배우들도 정말 감초 같은 연기를 선보여 주었다. 소통에 어려움이 있는 환경임에도 완벽히 배우들을 받쳐준 조명과 음향은 아무리 칭찬을 해도 부족하지 않다. 소품을 제작한 친구들부터 최고의 서포터셨던 콩샘(담임선생님)까지 우리의 뮤지컬을 얘기할 때 한 사람, 한 사람 빼놓을 수 없다.

   다른 학급의 뮤지컬 또한 기대를 훌쩍
뛰어넘었다. 감동과 웃음이 끊이지 않았다.
우리의 뮤지컬에 실수가 아예 없었다고
못하겠지만, 그 실수조차도 아름다운 '우리의'
뮤지컬이었다. 이상 학급 뮤지컬을 만들고
보러와 주신 모든 분들께 감사함을 전하며
이 글을 마친다.

2024. 9. 2. 학생 최여울

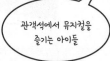
관객석에서 뮤지컬을 즐기는 아이들

무대인사도 멋지게 하는 아이들

홍동중학교에서 학급 뮤지컬을 진행한 지 11년이 지났다. 뮤지컬을 준비하면서 아이들은 준비하는 과정이 너무 힘들다고 하소연하고, 서로 싸우며 울기도 한다. 이러한 과정을 거친 후, 학급 뮤지컬을 발표하는 날이 되면, 아이들은 준비한 공연을 위해 무대에서 신나게 연기한다. 공연이 끝나고 막이 내려가면 아이들은 말로 표현할 수 없는 성취감을 느낀다. 그리고 서로 가까워지고 함께 성장함을 느낀다. 아이들이 살아가는 모습이 담긴 수준 높은 공연을 본 보호자, 교직원으로 이루어진 관객들은 말로 표현할 수 없는 감동을 받는다.

생활 속 민주시민교육

어떤 시민으로 길러낼 것인가 : 민주시민교육의 출발

'생활 속 민주시민교육'은 홍동중학교 특성화 교과 가운데 하나로, 2019년부터 3학년 학생들을 대상으로 진로 수업 1시간과 창체 수업 1시간을 결합하여 1학기에 9회, 2학기에 9회씩 진행되고 있다.

2017년 학교 교육 자원봉사를 하는 학부모 모임(책아마*)이 정기적으로 열리면서 학부모들이 학교 교육에 더 많은 관심을 가지게 되었다. 그 무렵, 학교를 방문한 장학사님과 자유학기제 간담회에서 아이들이 어떻게 성장하기를 바라는지에 대한 논의가 이루어졌고, 교무부장님의 제안으로 학생들이 주체로 설 수 있도록 돕는 교육 내용을 학부모들이 직접 기획하게 되었다. 2017년 말 "나를 찾아서"라는 4시간 프로젝트 수업을

---

* 책 읽어주는 엄마, 아빠 모임

전 학년 대상으로 진행한 것이 시작이었다.

학생들은 학교 교육을 통해 사회에서 살아가기 위한 지식과 삶의 방식을 배우며 시민으로 자란다. 따라서 학생들을 어떤 시민으로 길러낼 것인가라는 고민이 교육 전반에 걸쳐 이루어지고 있었고 과정에서 민주시민교육이 적극적으로 도입되는 시기이기도 했다. 그때 경기도교육청에서 발행한 민주시민교육 교재를 접했고, 홍동만의 민주시민교육을 만들어내고자 하는 의지가 생겼다. 그 결과 2018년 하반기에 "꿈꾸는 교실"이라는 6시간 프로젝트 수업을 구성해 중학교 3학년 학생들을 대상으로 활동을 펼쳤다. 이를 계기로 본격적인 민주시민교육의 틀을 갖추어나가기 시작했다.

현대 사회는 다양한 가치와 신념이 공존하는 복잡한 구조를 가지고 있다. 이러한 환경에서 민주시민으로 성장하기 위해서는 자신과 타인의 가치를 알고, 이를 바탕으로 공동의 가치를 찾아낼 수 있어야 하며, 서로 존중하며 소통하고 권리와 책임을 이해하는 과정이 중요하다. 홍동중학교는 '생활 속 민주시민교육' 과목을 통해 학생들이 이러한 능력을 기르도록 돕는 것을 목표로 하고 있다.

함께 살아가는 힘 키우기

　자신과 타인의 가치를 이해하고 존중하는 태도는 공동체 생활의 기본이자 민주주의의 핵심 원리이다. 학생들은 서로 다른 의견과 가치를 존중하며, 이를 바탕으로 공통의 가치를 발견하고 협력하여 문제를 해결하는 능력을 키운다.

　또한 법과 제도를 통해 개인의 가치와 권리가 어떻게 보호되는지 학습하면서 학생들은 자신의 권리와 책임을 명확히 이해한다. 이는 궁극적으로 학생들이 사회에서 민주시민으로서의 역할을 충실히 수행할 수 있도록 돕는다.

　더 나아가, 학생들이 스스로 주제를 선택하고 학습하며 경험하는 과정은 자기주도적 학습 능력을 강화한다. 주제에 따른 결과물을 기획하고 공유하는 활동을 통해 창의성과 문제 해결 능력을 기르고, 협력의 중요성도 배운다. 이는 학생들이 학습의 주체로서 성장할 수 있는 기반을 마련해준다.

　이러한 경험과 창의적 결과물 제작, 그리고 이를 공유하는 과정은 학생들에게 중요한 학습 동기를 부여하며, 장기적으로는 긍정적인 학습 태도를 형성하는 데 기여한다.

활동 내용

◎ 꿈꾸는 교실

학교에서 생활할 때 자신이 중요하게 여기고 있는 가치는 어떤 것들이 있는지 탐구하며 스스로를 알아가고 다른 사람들이 중요하게 여기는 가치를 이해한다. 자신이 중요하게 생각하는 가치가 충족되지 않는 상황은 언제인지, 그때 느끼는 감정이 무엇인지 찾아보고, 이를 바탕으로 자신만의 가치 문장을 작성한다. 그런 다음, 친구들의 호기심 어린 질문과 답변을 통해 행복한 학교생활을 위해 필요한 것은 무엇인지 알아본다. 그리고 나서 상상 선물로 서로에게 지지와 응원을 주고받으며 앞으로 나아갈 힘을 얻고, 더 나은 관계와 학교생활을 만들어갈 수 있도록 돕는다. 과정에서 나온 상상 선물은 현실에서 아이디어로 발전시킬 수도 있다. 예를 들어, 운동할 때 가장 행복한 친구는 자신이 좋아하는 운동을 위해 학교에 시설물 개선을 요청할 수도 있고, 배우고 싶은 주제의 강사를 초청해달라고 제안할 수도 있을 것이다. 학생들은 상상 선물만으로도 매우 흡족한 표정들이다.

모둠에서 각자 자신이 중요하게 생각하는 가치를 고른 다음, 한 명씩 정해서 그 친구가 왜 그 가치를 중요하게 생각하는지 다른 친구들이 추측해본 후, 마지막에 본인이 그 이유를 이야기한다.

가치 문장을 완성한 후, 한 사람씩 언제, 어떤 순간에 행복하고 즐거운 학교생활을 할 수 있는지 질문하고, 다양한 상상 속 선물을 건넨다.

예를 들어, 머릿속에 지식을 쏙쏙 넣어주는 친구, 친구만의 독무대, 혼자만의 동, 일타강사 수강권, 비행기 리켓 같은 것들이다.

◎ 일상의 정치

학생들은 '민주주의'나 '정치' 하면 대통령과 국회의원, 정당을 먼저 떠올린다. 하지만 김영민의 책『인간으로 사는 것은 하나의 문제입니다』에서 말하듯, 일상에서 반복되는 다양한 문제를 어떻게 해결하느냐 하는 것은 모두 정치와 관련이 있다. "일상의 정치" 수업 과정은 개인의 중요한 가치에서 출발해, 집단에서 합의한 가치가 사회적 가치로 확장되는 과정을 이해하는 경험이다.

학생들은 룰렛 게임을 통해 일상에서의 다양한 선택 상황을 경험하고, 그 과정에서 자신에게 중요한 가치를 발견한다. 또한, 그 가치가 실현된 세상을 상상하며 헌법의 기본권과 연결되어 있음을 알고, 이를 통해 국민의 권리와 법의 중요성을 인식한다. 더불어 충남학생인권조례와 학교생활규정을 검토하면서, 우리의 법규가 헌법 및 상위법에 근거해 마련되었음을 확인하고, 일상에서 주어지는 권리와 책임의 법적 근거는 무엇인지, 차별과 불평등의 문제는 없는지 찾아본다. 마지막 시간에는 교장선생님과 다른 여러 선생님들과 간담회를 열어 질의응답을 진행하며, 차별과 불평등 문제를 개선하기 위해 무엇이 필요한지 의견을 나누고 방안을 모색한다.

친구가 반칙을 해서 체육대회에서
우리 반이 우승했다.
선생님께 말할까(신뢰/진실),
말하지 말까(성취/소속감),
환경의 날 이벤트로 전체 소등 행사를
한다고 한다. 참여할까(지지/안전/
공동체), 안 할까(편안함/주관/자율성).
룰렛을 돌려 제시된 상황에서 나는 어떤
선택을 하고, 그 선택 뒤에는 어떤 가치가
있는지 알아본다.

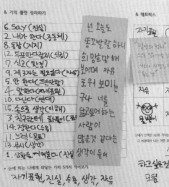

여러 가치들 중에서 내가 더 중요하게
여기는 가치를 선택하고, 그 가치가 실현된
세상을 그려본다. 안전하고 자유로우며,
원하는 것을 걱정 없이 할 수 있는 세상,
모두가 마음에 담아두지 않고 자기표현을
자유롭게 하는 세상. 이런 세상을
만들어가기 위해 학생들은 순간순간
선택하고 행동하며, 때로는 함께 연대도
할 것이다.

'지금 여기, 차별 발견' 이후 차별 혹은 학교 문제에 관해 사례를 분류하고,
교장 선생님을 비롯한 선생님들과 모여 의견을 나누고, 질의응답 시간을 가진다.

□ 나는 어떤 경제 활동을 할까?

경제 개념을 쉽게 이해하고 실질적인 경제 활동을 경험하는 데 중점을 둔 수업이다. 학생들은 경제윷놀이 보드게임을 통해 생산, 소비, 금융 등 기본 경제 개념을 배우고, 시장조사와 SWOT 분석을 통해 아이템을 구상한다. 2023년 학생들이 선택한 아이템은 무인 매점 운영이었다. 학생회실에 무인 매점을 설치하여 전교생의 뜨거운 환영을 받으며 성황리에 운영되었다. 이를 통해 학생들은 협력과 민주적 참여의 중요성을 몸소 체험하고, 경제 활동을 실생활에 적용해보는 귀중한 경험을 쌓았다. 이듬해에는 홍동중학교 학생회가 이 사업을 공약으로 내걸어 현재 무인 매점이 운영되고 있으며, 학생들의 의견이 반영된 민주주의의 실현 과정으로 이어졌다는 점에서 큰 의미가 있었다. 지금은 또 한 차례의 비약을 위해 협동조합 형식의 창업팀을 준비 중이다.

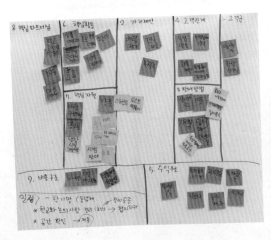

경제 윷놀이, 시장조사, SWOT 분석 등을 통해 경제 활동 아이템을 정하고 직접 경제 활동을 실현하며 배움을 얻는다.

2학기에는 학생들이 자율적으로 주제를 선정하고, 다양한 방식으로 표현하며 학습한다. 2022년에는 "인생은 ○○이다"라는 주제로 각자 다양한 해석을 담아 프로젝트를 구성했다. 2024년에는 한 걸음 더 나아가, 학교를 중심으로 자신이 살고 있는 마을의 현황을 파악하고 장점과 개선할 점을 찾아 공익 ○○프로젝트를 진행하고 있다. 학생들은 직접 현장을 방문하고, 자료를 조사하며, 이해관계자들과의 인터뷰와 설문을 통해 문제의 방향을 설정하고 개선안을 제안하는 수업을 진행 중이다. 마을의 청소년 공간 문제, 버스 이동 문제, 벚꽃길 도로 문제 등의 주제를 선정해 스스로 탐구하고 표현하며, 사고하는 힘과 성취감을 쌓을 수 있다.

민주시민교육, 현재와 미래

수업을 마치고 학생들에게 어떤 긍정적인 경험이 있는지 물었더니, 정치와 민주주의, 시민으로서의 역할, 그리고 자신의 가치를 알게 되었다고 답했다. 자화상과 거울 반영에서 자신과 친구들의 아름다운 모습을 발견하며, "꿈꾸는 교실"에서 친구들의 응원 선물을 받으며 자신을 긍정하는 기회를 가졌다고도 했다. 또한 스스로 수업원칙을 정하면서 자발적인 선택을 하고 이를 존중받는 경험을 했으며, 헌법과 학생인권조례, 학교생활규정을 읽고 학교 문제와 차별에 대해 간담회를 통해 국민의 권리와 학생인권을 알게 되었다고 했다. 이 과정에서 자기표현을 실현하고 소통하면서 학교에 대해 더 깊이 이해하게 되었다고 말했다.

특히, 2024년에는 국회의원 선거가 있어 각 당의 대표 정책과 공약을 살펴보고, 참정권 보드게임을 하면서 정치와 정책에 대해 조금이나마 알게 되었고, '나는 무엇을 위해 투표할 것인가'를 생각해보는 기회가 되었다고 한다.

학생들의 민주시민으로서의 배움은 비단 수업뿐만 아니라 학교생활 전반에서도 일어난다. 학생들이 주체가 되어 운영하는 학생회 활동이나 전교 다모임, 각 반에서 문제를 해결하는 과정 등에서 학교와 구성원들이 함께 민주적인 갈등 해결과 의사결정 과정을 배워나간다.

홍동중학교 민주시민교육은 학부모들의 교육에 대한 관심에서 시작되었지만, 교과로 자리잡으며 학교와 마을의 협력으로 배움과 성장의 순환 고리를 만들어가고 있다. 꾸준한 학습과 교육 연구를 이어가는 마을교사들과 교과 담당 선생님들의 피드백을 통해 내용과 수준도 점차 발전하고 있다. 홍동중학교를 졸업한 학생들이 상급학교에 진학한 후에도 자신의 가치를 바탕으로 목소리를 내고, 존중과 공감을 바탕으로 소통하는 모습을 보며, 홍동중학교의 민주시민교육이 빛을 발하고 있음을 실감한다.

지속가능한 지구를 위한
배움과 실천
- 인간과 자연이 함께 공존할 수 있는 생명·평화교육 -

　　홍동중학교 '생태와 인간' 교과는 2008년 '새 학교 만들기 교육과정 재
구성 계획'에 의해 지역화 교육과정의 하나로 시작하였다. 인간과 자연
이 함께 공존할 수 있는 생명 평화 의식의 함양과 기후 위기에 직면한 통
합적 문제해결력과 의사결정능력을 기르고자 선택교과로 개설했다. 2학
년을 대상으로 선택교과 '환경' 1시간과 창체 '생태와 인간' 1시간 등 2시
간을 서로 붙여 학급별 블록 수업으로 주 1회 2시간씩 운영했다. 학교 텃
밭 채소 농사 등 노작교육, 홍동 일원 생태환경 관찰 및 생물 다양성 교
육, 지속가능한 삶을 위한 실천적 생태교육, 1년 동안의 환경수업을 통
해 키워진 환경 의식을 공유하는 환경배움터 등으로 구성했다. 다음은
'생태와 인간' 교과에 적극적으로 참여한 학생이 1년 동안 경험했던 소감
을 소개한다.

"3월에 감자와 땅콩의 모종을 심고 매주 금요일 하교하면서 물을 주었더니 감자 반토막은 자기보다 훨씬 큰 감자들을 네다섯 개 만들었고, 연약하게 보일 만큼 작은 땅콩 몇 알은 어느새 무성히 잎을 이뤘다. 감자와 땅콩의 탄생과 성장에 내가 일조했다는 것에 뿌듯한 감정을 느꼈다. 7월 17일 환경수업 시간에 우리가 직접 수확한 감자를 가지고 감자 호떡과 샐러드를 만들었다. 매주 물을 주고 가꾸었던 기억을 되짚으며 호떡의 모양을 빚다 보니 뭔가 특별한 애정이 느껴졌다. 물론 그 맛에 있어서는 지금까지 살면서 먹은 어떠한 호떡보다도 더 맛있었다. 아마도 나의 사랑과 정성으로 키워진 감자라서 그럴 것이다.

나는 평소에 '전기와 물건을 많이 쓰면 환경이 오염된다'라고 생각하며 절약을 생활화하려고 노력하는 사람이다. 2학년이 되어 환경수업을 받으면서 기후 위기의 심각성을 실감하고 있던 차에 현 정부의 에너지 관련 계획을 자세히 배웠다. 다양한 에너지 관련 정책 중 가장 충격이었던 내용은 재생에너지도 문제점이 많다는 것이었다. 재생에너지를 생산하는 시설과 생산된 에너지를 다른 지역에 보내기 위해 세워진 수많은 송전탑 등은 주민들의 건강부터 일자리까지 위협하고 있다고 했다. 그동안 막연하게 에너지를 절약하자는 나만의 생각은 깊이 있는 환경수업을 통해 근거와 논리를 갖춰 더욱 탄탄해졌다. 환경과목을 배울 수 있는 홍동중학교를 다녀서 환경을 더욱 소중히 여기고 아픈 지구를 살리는 방법을 배울 수 있어서 준비된 환경인이라는 긍지를 느낀다."

최여울. 2학년 1반 학생

감자 캐기와 옥수수 파종

　작년에 김장배추를 수확한 후 텃밭에 거름을 줘서 토양을 비옥하게 만들어 올해 농사지을 준비를 했다. 3월 말에 하지 감자의 고소한 맛을 기대하며 2학년 애들과 정성스럽게 씨감자를 심었다. 짐승이나 새들이 찾아와서 파헤치는 날도 있고, 비가 오지 않아 시들어버리는 날도 있었지만, 다들 올해 감자 농사는 풍년이라고 했다. 방학 전에 모둠별로 감자 호떡도 부쳐 먹고, 급식실에 요리 재료로 나눔하고, 우리 2학년은 넉넉한 마음씨를 가진 농사꾼이다! 감자 수확을 마치고 토종 옥수수 모종을 심으며 자신이 씨뿌리고 수확하여 먹는 생태적인 삶의 건강함과 행복을 다시 한번 기대한다. 아, 그리고 주변과 나눌 수 있는 삶의 아름다움도 그려본다!

생명·평화교육:
감자 캐기와 옥수수 파종

생명·평화교육:
공장식 축산 수업과 관련 도서 전시

공장식 축산과 지구환경

선택의 기준이 맛과 가격이 전부였던 고기가 단순히 가축의 살점만이 아니라는 것을 알게 된 순간 우리 2학년은 표정이 심각해졌다. 동물의 본능을 무시하고 밀집된 사육환경에서 고기를 생산하는 공장식 축산으로 인한 동물의 질병, 고통, 환경오염의 문제가 인간의 생명과 건강에도 부정적인 영향을 미친다는 것을 알게 되었다. 홍성군에서 배출되는 축산 분뇨량에 비해 정화시설이 현저하게 부족하여 토양과 수질 오염이 심각하게 진행되고 있다는 사실에도 한숨이 저절로 나왔다. 우리 2학년은 지속가능한 지구를 위해 어떤 방식으로 단백질을 섭취할 수 있을까 진지하게 성찰하는 시간을 가졌다. 나 자신부터 시작되는 생명 존중 정신과 환경 사랑 태도는 가족, 학교, 사회로 급속도로 번져 나가기를 진심으로 바란다.

생물 다양성이 가득한 홍동의 논 생태

뜰채와 채집통을 들고 학교 앞에 있는 논으로 나갔다. 좁은 논둑에 앉아 논물 안을 들여다보았다. 뭔가 움직인다! 풍년새우다! 우리는 뜰채로 풍년새우를 건져 논물로 채워진 채집통에 조심조심 넣었다. 논둑 옆으로는 풀이 가득 덮인 수로가 있다. 그곳엔 생물들이 더 많았다. 물자라, 장구애비, 게아재비, 거머리. 논우렁이, 개구리… 헉, 뱀이다! 뱀!! 벼가 자라는 논 안에 이렇게 많은 생물이 살고 있다니 놀랍기만 하다! 이래서 '생물 다양성'인가 보다! 우리는 채집한 생물들을 자세히 살펴보고, 논 생물 카드를 만들어 메모리 게임을 하면서 생물 이름을 기억하려고 애썼다. 솔직히 처음엔 꼼지락거리는 생물들이 너무너무 징그러웠다! 얼마나 끔찍한지 나도 모르게 으악 소리 지르며 잡고 있던 뜰채를 냅다 던져 버렸다. 그런데 정말 신기하다! 논에 사는 생물이 이렇게 다양하니까 뭔가 살아 숨을 쉬는 생명이 가득한 곳이라는 생각이 들었다. 우리가 교실 안에서 여러 친구와 어울려 지내듯이 논 안에도 다양한 생명이 함께 어우러져 살고 있구나! 이 지구도 마찬가지일 것이다. 우리가 사는 초록별 지구에서 인간 말고도 다양한 생명이 평화롭게 공존하는구나!

생명·평화교육:
홍동의 논생물 채집 및
다양성 관찰

우리 지역 물 이야기

  우리 2학년은 수질검사 이론 수업을 들을 때는 어려운 화학적 용어가 나와서 이해하기 힘들다는 반응이었다. 하지만 수질검사 키트를 이용하여 홍동 하천에서 떠온 물로 직접 검사를 해보니 오염도가 5등급으로 결과가 나오자 웅성거리기 시작했다. 5등급은 오염 정도가 매우 심해서 공업용수로밖에는 이용하지 못한다. 벚꽃으로 만발하는 홍동천도 수질 오염으로 몸살을 앓고 있다는 것이다! 홍동 주민들과 지자체에서 하루라도 빨리 홍동천에 관심을 두고 수질 및 생태계 개선을 위한 조치가 취해지기를 진심으로 바란다.

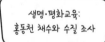

생명·평화교육:
홍동천 채수와 수질 조사

생명·평화교육:
유기농 쌀 피자 만들기 체험

친구들과 함께 유기농 쌀피자 만들기

홍동면 문당리 초록이 둥지 협동조합에서 친환경 유기농법으로 재배한 쌀로 피자를 만드는 체험을 했다. 초록이 둥지 협동조합은 지역자원을 이용해 마을 공동체의 이익을 창출하는 마을기업으로 문당리 주변에서 친환경 유기농법으로 재배된 쌀을 가공하여 다양한 식품을 만들고 판매한다. 우리 2학년의 피자 체험 복장은 어때요? 다들 쌀피자 만들기에 자신 있어 보이죠? 피자 반죽에 토핑할 때는 자신의 식성에 따라 재료를 선택해서 올리는데 야채를 싫어하는 친구들은 치즈만 잔뜩 올려서 한바탕 웃었다. 그 친구들은 유기농 특구 홍동 지역의 친환경 치즈 범벅 쌀피자라고 자랑을 했다.

다 함께 나누는 '환소 그대 배움터'

'환소 그대 배움터'란 '환경을 소중하게 여기는 그대들의 배움터'라는 뜻으로 2학년 학생들이 1년 동안 '생태와 인간' 수업을 통해 키웠던 환경 감수성을 나누는 한 마당이다. 1학년 후배들과 인근 초등학교 학생 및 지역의 주민을 대상으로 6개 주제로 환경 부스를 운영하며 환경 전도사로서 역할을 성실히 수행했다. 자전거 믹서기로 곡물음료수를 만들며 적정기술의 필요성을 강조했고, 학교 텃밭에서 재배된 배추로 만든 배추카나페를 나누며 생태적인 삶의 소중함을 전달했다. 인근 논과 하천에서 발견되는 다양한 생물들을 소개하며 생명 평화의 가치를 설명했고, 홍동천 수질 조사 분석 결과를 보여주며 오염 정도의 심각성을 호소

했다. 과학실 실험 도구를 이용해 이산화탄소 발생 실험을 보여주며 지구온난화 원인을 직접 설명했고 미리 준비한 EM을 나눠주고 홍동천 수질개선 활동에 동참하는 기회를 제공했다. 기후위기 관련 코딩프로그램을 제작하여 그 심각성을 전달했고, 생활 속 독성물질을 줄이기 위한 친환경 설거지 비누 만들기 체험과 초록누리 사이트 홍보

를 통해 일상생활에서의 환경 사랑 실천을 강조했다. 우리 2학년은 지난 1년간 '생태와 인간' 수업으로 키워 온 환경감수성을 통해 기후 위기에 처한 지구환경의 심각성을 공감하며 지구 공동체의 구성원으로서 지속 가능한 삶을 추구하기 위한 환경적인 가치와 태도를 전달하고자 했다.

생명·평화교육:
적정에너지 소개 부스

홍동중학교

3장.

서로 울타리가 되어주는 교직원

학생이 오고 싶은 학교, 교사가 신나게 근무하는 학교

우리나라 국민이면 누구나 학교에 대한 경험이 있다. 학생으로서, 학부모로서, 교사로서…. 그런데 학교에 대한 긍정적인 인식보다 부정적인 인식을 갖고 있는 사람들이 많은 것 같다. 학교는 국가·사회의 필요, 학부모의 기대, 학생의 욕구를 모두 수용해야 한다. 직업인으로서 교사는 사명감으로 이 모든 것을 수행하려고 동분서주, 좌충우돌하다가 결국 패배한다. 밀려오는 공문 내용을 수동적으로 수행하며 처리하고, 매일 발생하는 학생들의 문제행동에 대응하다 보면 에너지는 소진되고 의욕은 희미해져 간다. 새 출발을 하는 2~3월, 모진 마음으로 '춘투'하면 1년이 순조롭다는 생각에 좀 더 쉬운 업무를 쟁취하고, '나만 아니면 돼'로 일관하며 학교의 어려운 일을 외면하려고 한다. 결과적으로 교사는 서로 일을 미루고 지치며, 학교는 지탄의 대상이 되고, 학생들은 억지로 학교에 와서 시간을 허비하는 최악의 상황으로 치닫는다.

홍동중학교가 다른 지역의 학교와 다른 점 중 하나는 지역사회학교 기능을 일찌감치 수행한 것이다. 그런 배경에는 지역에 있는 풀무농업 기술학교의 졸업생들이 지역 일꾼으로 활동하고 있고, 홍동면에 거주하며 홍동초·중학교에 근무하는 교사가 열정적으로 지역사회학교를 만들기 위해 노력해 온 영향이 크다. 주5일제 근무가 시행되던 2000년대 초반부터 토요방과후 프로그램을 만들어서 초·중학교 학생들을 돌보는 활동을 했다. 그런데 이러한 활동은 공립학교 교사들에게 홍동중학교는 근무 여건이 어렵다는 인상을 주어 전입을 기피하는 이유가 되었다.

농촌학교의 학생 수 감소에 따른 학교 규모 축소가 현실화되는 위기에서 '학생이 오고 싶은 학교, 교사가 신나게 근무하는 학교'는 어떤 모습일지 고민하면서 2007년 농촌의 지속가능한 모델학교 만들기를 핵심 추진 내용으로 학교 혁신이 시작되었다. '혁신학교'라는 이름으로 교육과정을 개선하고 다양한 교육활동을 운영한 것도 10년이 흘렀다. 그 과정에서 교사들의 피로도를 줄이는 방법도 함께 논의되었다. 그래서 찾아낸 방법은 교사 자치를 넘어 서로 울타리가 되어주는 교직원 문화를 만들어 보자는 것이다. 여전히 모든 교사들이 '배움이 즐거운 온마을학교'에 신나게 참여하기란 쉬운 일이 아니다. 그럼에도 불구하고 우리는 한 걸음씩 나아가고 있으며, 안전하게 자신의 생각을 표현할 수 있는 직장을 만들어가고자 한다.

해맑은 2024 홍동중 교직원

3장. 서로 울타리가 되어주는 교직원

민주적 협의문화

공립학교는 근무 기간을 5년으로 제한하는 규정이 있어 매년 약 20%~30%의 교사들이 이동한다. 새로운 근무지에서의 1년은 참 어렵다. 학교마다 다른 문화와 분위기가 있기 때문이다. 한 발 뒤에서 눈치를 보며 따라 하는 것도 버겁다. 더구나 전입교사는 기존 학교와 다른 교육과정이 운영되고, 각 사업에 대한 만족도 조사를 바탕으로 평가를 하는 운영 방식도 어색하여 혁신학교에서 적응하는 데 동료들의 도움과 적응하는 시간이 필요하다.

홍동중학교는 2015~2018년 혁신학교 1기를 통해 민주적·전문적 학교 공동체를 위한 체제 구축에 힘을 쏟았다. 이 시기에 학교의 비전을 공유하며 어떻게 학교 공동체를 만들어 갈지에 대한 회의를 참 많이 했다. 모두가 둘러앉아 의견을 내고 토론을 하는 회의 문화를 만들었다. 그러나 회의 시간이 길어져 근무시간을 홀쩍 넘기는 것이 다반사였고, 결과가 만족스럽지 않아 교사들의 피로도가 높아졌다. 혁신학교 2기인 2019년에서 2022년에는 공모 교장과 내실을 다지면서 혁신학교의 모습을 조금씩 발전시켰다. 이때 회의 문화를 바꿔야 한다는 요구가 많아 개선을 위한 노력을 했다. 학교를 민주적 의사결정 체제에 기반하여 운영하자는 원칙을 바탕으로 효율적으로 결론까지 도출하는 회의를 해보려고 노력했다. 그래서 회의 규칙을 만들었다.

홍동중학교 회의 규칙

홍동중학교 회의 규칙(초안)

1. 목적

홍동중학교 회의규칙은 교직원들이 민주적 자치의 원리 하에 학교운영 및 교육 현안에 관한 구성체들의 지혜를 모아 결정하고 실천함으로써 교육활동의 질을 높이려는 교육공동체의 활동이다. 학교 구성원 모두가 수평적 관계 속에서 본교의 각종 회의에 민주적으로 참여하는 자치 공간으로 만들기 위하여 기본적인 규칙을 제정하여 운영하고자 한다.

2. 회의 원칙

가. 모든 구성원은 적극적으로 회의에 참여하여 서로의 의견과 태도를 존중한다.
나. 모든 구성원은 자유로운 의사표현을 존중하지만 발언을 독점하지는 않는다.
다. 회의 시간과 끝나는 시간을 정확하게 지킨다.
라. 회의의 의장은 학교장으로 하면 부재 시 교감으로 한다.

3. 회의 종류

가. 전교 교직원회의: 매월 O째 수요일
나. 임시회의: 긴급한 안건이 발생 시에 학교장 또는 2인 이상의 제안으로 교무부장이 소집한다.

4. 회의 시기와 시간

가. 매월 첫째 수요일: 3:30~4:30

나. 매월 셋째 수요일: 3:30~4:30

5. 회의 진행

가. 사회자: (1안) 교무

(2안) 부장 윤번제

나. 회의진행 순서: 안건 상정 → 모둠별 토의 → 전체 토의

다. 결정: 합의, 다수결, 소수결

6. 안건 상정

가. 안건 상정은 일주일 전에 하고, 일주일 전까지 전 교직원에게 안내한다.

7. 회의 결과에 대한 사후 조치

가. 기록자는 회의내용을 기록하고 공유한다.

나. 회의 결과는 교무부장이 다음날 팝업을 통하여 전 교직원에게 알린다.

다. 회의 결과는 모든 교육구성원이 공통으로 실천한다.

8. 기타 사항

가. 본 회의 규칙은 교직원 회의에서 통과된 즉시 적용한다.

나. 회의 장소는…

다. 간식 준비

라. 본회의 규칙의 개정은 전체 합의하여 결정한다.

홍동중학교는 교직원들이 민주적 자치의 원리에 따라 학교를 운영하고 교육 현안에 대한 다양한 의견을 모아 결정한다. 이를 실천함으로써 교육 활동의 질을 높이려는 교육 공동체의 목표를 실현하기 위해 회의 규칙을 제정했다. 학교 구성원 모두가 수평적인 관계 속에서 각종 회의에 민주적으로 참여할 수 있는 자치 공간을 마련하는 데 중점을 두었다.

이러한 배경에서 회의 규칙은 간단하면서도 실효성 있는 내용으로 제정되었다. 먼저, 회의 시간은 교직원들이 일과 시간 내에 참여할 수 있도록 매월 넷째 주 수요일 오후 3시 30분부터 4시 30분까지로 정했다. 이로써 회의는 교사들이 업무 시간에 집중하여 참여할 수 있게 되었다. 긴급한 사안이 발생할 경우에는 예외적으로 회의를 소집할 수 있도록 하여 예상치 못한 상황에 신속하게 대처할 수 있는 유연성도 확보했다.

효율적인 회의를 위해 안건 상정 방식도 개선하였다. 안건은 최소 1주일 전에 상정하여 모든 교직원에게 공유함으로써 각자가 충분히 생각하고 의견을 정리할 수 있는 시간을 제공하였다. 이 과정은 단순히 회의 시간을 단축하는 것뿐만 아니라 회의의 질을 높이는 데 중요한 역할을 한다. 교직원들은 미리 준비된 상태에서 회의에 참석하게 되므로 논의가 더 집중되고 생산적으로 이루어질 수 있었다. 회의 후에는 회의록을 작성하여 모든 교직원에게 공유하였다. 이는 교직원들이 회의에서 논의된 사항과 결정된 내용을 명확히 인지하고, 이를 바탕으로 공동으로 실천할 수 있도록 하는 중요한 장치다. 회의록은 단순한 기록에 그치지 않고, 학교의 모든 구성원이 동일한 목표를 향해 나아갈 수 있도록 하는 통합적인 역할을 한다.

또한, 홍동중학교는 효율적인 방식의 협의 문화를 만들어 적용하고 있다. 학교교육과정 준비 주간을 비롯하여 여러가지 의사 결정을 할 때 구성원들이 회의하는 방식으로 월드카페 토론을 진행한다. 구성원들의 합의가 필요한 몇 가지 주제가 있으면 각 주제별 모둠장을 자원하거나 추천하여 세운다. 나머지 구성원들은 직위에 상관없이 모두 자유롭게 돌아가면서 주제와 관련된 이야기를 나누고 모둠장은 모둠에서 한 이야기를 정리하고 발표하여 전체가 공유한다. 그 내용을 보완하고 구성원들의 의견을 모두 반영하여 합의한 방안이 만들어진다. 그 결과 교육 활동의 실행 과정에서 다시 설명하거나 재논의해야 하는 일이 크게 줄어든다. 모든 구성원이 초기 협의 과정에 적극적으로 참여했기 때문에 사업이나 행사의 실행과정에서 자연스럽게 협력이 이루어지며 원활하게 진행되어 서로가 서로를 격려하고 수고에 감사하며 훈훈하게 마무리되는 경우가 대부분이다.

월드카페 토론

예를 들어, 학기 말 특성화 교육과정 중 하나인 '상상학교'를 기획하고 협의할 때의 일이다. 이 프로그램의 기획은 혁신 업무를 담당하는 교사가 몇몇 선생님들과의 대화를 통해 아이디어를 수집하는 것으로부터 출발했다. 이러한 초기 단계의 논의는 프로그램의 방향성과 목표를 설정하는 데 중요한 역할을 했다. 이후 기획 회의를 통해 구체적인 프로그램 내용을 구성하고, 이를 교무회의 안건으로 상정하여 전 교직원이 함께 논의할 수 있는 장을 마련했다.

교무회의에 상정된 '상상학교' 안건에서 교사들은 그 목적과 필요성에 중점을 두고 생각하여 추진하기로 합의했다. 교사들은 학생들이 학기 말을 의미 있게 보낼 수 있도록 하자는 취지에 동의하였고, 이를 성공적으로 추진하기 위해 역할 분담을 했다. 각 교사는 자신의 전문 분야와 역량을 바탕으로 학생들의 요구를 최대한 수용하여 프로그램을 지원했다. 상상학교 발표회 후에는 학생들의 만족도 조사와 평가회를 통해 그 성과를 점검하고 다음 학년도에 지속할지 여부를 결정하는 절차를 거친다. 이러한 피드백 과정을 통해 프로그램의 질을 지속적으로 향상시키고 있다.

교직원 생활협약: 화합과 단결을 위한 여정

몸풀기 게임과 신념 나누기

교사로서의 바쁜 일상에서도 잠시 숨을 돌릴 수 있는 이 시간이 참으로 소중하다. 서클 모임을 통해 우리는 가벼운 몸풀기 게임으로 회의를 시작했다. 이 순간, 선생님들의 얼굴에도 아이들처럼 해맑은 웃음이 번진다. 교실에서 늘 아이들을 바라보는 우리지만, 그 순간만큼은 우리도 순수한 아이로 돌아간 것 같다.

간단한 게임으로 몸과 마음을 풀고 나서, 각자 자신의 신념을 표현할 수 있는 단어를 하나씩 선택했다. 다양한 색상의 포스트잇과 색색의 펜을 손에 들고, 짧지만 의미 있는 문장을 완성해 나갔다. 단어 하나하나에 담긴 선생님들의 신념은 그 어떤 것보다 소중했다. 모여서 이야기 나누고, 서로의 의견을 경청하며, 그렇게 선생님들의 다양한 생각과 가치관이 하얀 종이에 색색이 아름답게 수놓아졌다.

이렇게 서로의 의견을 나누고, 그 의견을 하나로 모아가는 과정은 단순한 활동을 넘어서는 중요한 경험이었다. 각자의 신념이 모여 큰 그림을 그려 나가는 과정 속에서 우리는 교육에 대한 열정을 다시금 확인할 수 있었다. 서로 다른 배경과 생각을 가진 사람들이 모였지만, 그 모든 의견은 하나의 목표를 향해 조화를 이루며 큰 힘이 되었다. 우리도 그렇게 다양한 의견을 하나로 모아갔다.

서클 모임을 통한 가벼운 몸풀기 게임~!
선생님들도 아이들만큼이나 해맑게 웃는다는 사실~~
소소한 게임을 통한 몸풀기 과정을 거쳐 자신의 신념을
표현하는 단어를 하나씩 골라 본다.

신뢰와 평화에서 재미로

2023년, 홍동중학교의 교직원들은 '신뢰', '평화', 그리고 '연결'을 한 해의 주제로 설정했다. 이 주제들은 단순한 표어 이상의 의미를 지녔다. 교사들은 학생들뿐만 아니라, 부모와 지역사회, 그리고 동료 교사들 간의 신뢰를 바탕으로 한 탄탄한 공동체를 만드는 데 힘을 쏟았다. 이는 그저 형식적인 약속이 아니라, 각자의 역할 속에서 어떻게 신뢰를 쌓고 유지할 것인가에 대한 진지한 고민과 다짐이 담긴 시간이었다.

그 해, 홍동중학교는 서로의 의견을 경청하는 문화를 더욱 공고히 했다. 경청은 타인의 목소리를 단순히 듣는 것을 넘어, 그들의 입장을 진심으로 이해하고 존중하는 과정이다. 교사들은 이 과정에서 평화롭고 조화로운 학교 환경을 만들기 위해 매 순간 노력했다. 이러한 노력은 교사들 간의 관계를 강화했을 뿐만 아니라, 학생들에게도 평화로운 분위기 속에서 학습할 수 있는 환경을 제공하고자 했다.

이와 같은 경험이 쌓인 2024년, 홍동중학교 교직원 협약에서는 새로운 주제가 등장했다. 이번에는 '재미'가 화두로 떠올랐다. '재미'는 단순히 웃고 즐기는 것을 넘어서, 교사들이 직장에서 느끼는 즐거움과 활력을 의미했다. '재미'라는 단어가 채택되는 순간부터 우리는 더 크게 소리 내어 웃을 수 있었다. 교사로서의 역할은 때때로 무거운 책임감과 어려움이 따르지만, 그 속에서도 즐거움과 웃음을 찾는 것이 얼마나 중요한지에 대해 교사들은 공감했다.

홍동중학교의 교사들은 즐거움을 통해 서로의 관계를 강화하고, 이를 학생들에게까지 확장하리라 기대한다. 교사들의 즐거움은 학생들에게도 자연스럽게 전달되고, 이는 학습 분위기를 더욱 활기차고 긍정적으로 만드는 데 기여할 것이다. 학교는 단순히 지식을 전달하는 곳이 아니라, 모든 구성원이 함께 웃고 성장할 수 있는 공간임을 모두 자각하고 있으니까.

이와 함께, 교사들은 2024년에도 학생들에게 더 나은 교육을 제공하기 위해 최선을 다하고 있다. 즐거움 속에서도 교육자로서의 사명감을 잊지 않고, 학생들에게 따뜻하고 친절하게 대하며 그들의 성장과 행복을 지원하고자 한다. 각 교사는 스스로의 역할을 돌아보며, 어떻게 하면 더 나은 교육 환경을 만들 수 있을지에 대해 끊임없이 고민하고 있었다. 교직원협약을 만들어가며 우리도 다시금 고민하게 되었다.

결국 우리는 경청, 재미, 협력, 편안함이라는 키워드로 2024학년도 교직원 협약을 만들어 갔다.

2023년 교직원 협약

매년 새로운 주제로
새로운 협약이 완성되어 간다.

2024년 교직원 협약

나를 잘 돌봄으로써 편안해지겠습니다

2024년 홍동중학교의 교직원 협약 과정은 그 어느 해보다 특별하고 의미 있는 여정이었다. 예년과 달리 교사로서의 역할, 책임, 학생 입장에서 사고하기 등에서 벗어나 '나'를 생각하는 특별한 한해였던 것 같다. 사회적 분위기, 학교 내 환경의 변화, 개인사 등 다양한 원인이 영향을 미쳤겠지만, 올해는 특별히 나 자신을 돌보자는 이야기가 나왔다.

"나를 잘 돌봄으로써 편안해지겠습니다." 이 문장을 완성하는 과정은 단순히 하나의 문장을 만들어내는 것을 넘어, 교사들 각자가 자신과 서로를 깊이 돌아보는 시간이었다. 이 협약은 교사들이 스스로의 신체적, 정신적 건강을 돌보는 것이, 궁극적으로 학생들에게 더 나은 교육을 제공하기 위한 중요한 출발점임을 인식하게 한 중요한 다짐이었다.

교직원 협약을 완성하며, 교사들은 서로의 생각을 듣고 공감하며, 함께 성장할 수 있는 기회를 얻었다. 이 문장은 학생들을 돌보는 것만큼이나 나 자신을 돌보는 것도 중요한 사명임을 다시금 깨닫게 해주었다. 교사들 간의 연대와 협력이 더욱 강화된 이 협약은, 앞으로도 학교 공동체가 함께 나아가야 할 방향을 제시해 줄 것이다. 이처럼 교직원 협약은 교사들의 협력과 자아 돌봄의 결실로 완성되었으며, 앞으로도 모두의 건강과 행복을 지향하는 지침이 될 것이다.

2024학년도 교직원협약 완성

2024학년도 홍동중학교 교직원들은 한 해의 방향을 정하는 중요한 협약서를 작성하며 또 한 번의 의미 있는 과정을 마무리했다. 어찌 보면 무겁고도 중요한 주제를 다루었음에도, 협약서 작성이 끝난 후 교사들은 한결 홀가분해진 표정으로 단체 사진을 남겼다. 이 사진은 단순히 기록을 넘어, 교사들 간의 화합과 단결을 상징하는 순간이 된 듯하다.

협약서 작성 과정은 교사들에게 상호 존중과 소통의 기회를 제공한다. 다양한 생각이 활발히 표현되었고, 그 과정에서 서로의 입장을 이해하고 조율하며, 우리는 더욱 단단한 공동체로 거듭났다. 각자의 신념과 가치관을 존중하면서도 하나의 목표를 향해 나아가는 이 경험은, 학교의 전체적인 화합을 이끌어내는 중요한 계기가 되었다.

협약서 작성 후 교직원들의 단체 사진.
무거운 주제를 가볍게 완성한 후 한결 홀가분해진 표정으로 마무리 사진을 남겼다.

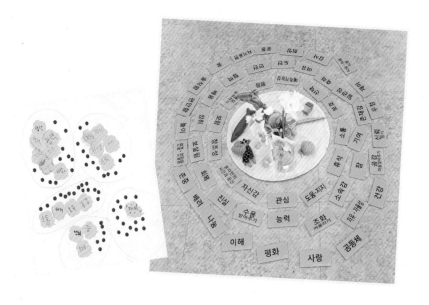

이 협약서는 단지 서류상의 약속에 그치지 않는다. 교사들은 이 협약을 바탕으로 학생들과의 관계에서도 더 나은 소통과 이해를 실천하겠다는 다짐을 하게 되었다. 서로 다른 배경과 관점을 가진 교사들이 한 자리에 모여 논의하고 협력함으로써, 교사들은 학교가 하나의 팀으로서 어떻게 기능해야 하는지를 다시 한번 깨닫게 되었다.

마지막으로 남긴 단체 사진 속 교사들의 미소는 단순히 협약서 작성을 완료했다는 안도감 이상의 의미를 담고 있다. 그것은 함께 고민하고, 논의하며, 하나의 목표를 향해 나아간 과정에서 느낀 성취감과 화합의 결과이다. 이로써 홍동중학교 교직원들은 2024학년도에도 더욱 단결된 모습으로 학생들과 학교를 위해 최선을 다할 것이다.

'박신자 교장 선생님'이 바라본 교직원 생활협약의 역사

이 글을 쓰기 위해 나는 홍동중학교 교직원 생활협약의 생생한 역사라고 할 수 있는 박신자 교장 선생님을 인터뷰했다. 박신자 교장 선생님은 생활협약을 최초로 제정한 2017년부터 함께 해오신 분으로 그 예전의 모습부터 올해의 협약 체결 과정을 직접 경험하셨다.

◎ 변화와 성장을 이끈 8년의 여정

"2017년, 홍동중학교에서 교직원 생활협약이 처음 체결되었을 때, 이는 단순한 서류상의 약속이 아닌, 교직원들이 교육 공동체로서 서로의 역할을 재정립하고, 협력의 가치를 새롭게 다지는 출발점이었다. 8년의 시간이 흐른 지금, 이 협약은 교사들뿐만 아니라 학교 전체가 어떻게 함께 성장할 수 있는지를 보여주는 중요한 역사가 되었다." 교직원 생활협약은 교육 공동체로서 서로를 살피고, 함께 고민하며 나아가는 중요한 자리로 자리매김했다.

◎ 초기 협약의 초점: 교사와 학생, 학부모의 역할 재정립

"교직원 생활협약이 처음 시작된 2017학년도, 협약의 주요 쟁점은 학생과 교사, 학부모 간의 관계와 교사로서의 역할에 맞추어져 있었다. 그당시 협약은 교육 현장에서 각자의 책임을 명확히 하고, 그 책임을 성실히 수행하기 위한 교사들의 다짐을 강조했다. 교사라는 신분이 주는 무게감과 책임감은 당시 협약의 중요한 요소였다. 교사들은 학생들에게 더 나은 교육을 제공하기 위해서, 그리고 학부모들과의 신뢰 관계를 유지하기 위해 끊임없이 노력해야 한다는 사명감을 공유했다."

이 시기의 협약은 교사로서의 책임감에 대한 깊은 고민과 다짐으로 가득 찼다. 교육의 현장에서 교사가 맡아야 할 역할은 단순히 지식을 전달하는 것에 그치지 않았다. 교사들은 학생들의 인성과 성장을 돕고, 학부모와의 협력을 통해 더 나은 교육 환경을 만들어야 한다는 큰 사명을 느꼈다. 협약의 내용은 교사로서의 자세와 행동을 끊임없이 점검하고, 학생들과 학부모, 그리고 동료 교사들 간의 관계를 성찰하게 하는 계기가 되었다.

◎ 변화의 시작: 공동체 구성원으로서 '나'를 돌아보다

2024학년도 교직원 생활협약은 그동안의 협약과는 다른 결을 보였다. 박신자 교장 선생님은 이번 협약이 "우리의 문제를 되돌아보게 했고, 공동체 구성원으로서 '나'를 돌보는 주제가 논의되기 시작했다"고 이야기 했다. 교사들이 단순히 사명감과 책임감만으로 자신의 역할을 수행하는 것이 아니라, 자신을 돌아보고, 자기 돌봄의 중요성을 깨닫게 된 것이다.

교사로서의 역할이 늘어날수록 각자의 스트레스와 번아웃은 점점 커졌다. 학생들에게 최선을 다하기 위해 끊임없이 노력했지만, 정작 자신을 돌보는 시간은 부족했다. 2024년 협약은 이러한 현실을 인식하고, 교사들도 하나의 공동체 구성원으로서 자신을 돌보는 것이 얼마나 중요한지를 강조했다. 이 과정에서 교사들은 자기 돌봄이 결국 학생들에게도 긍정적인 영향을 미칠 수 있음을 깨닫게 되었다.

'나를 잘 돌봄으로써 편안해지겠습니다.'라는 이번 협약의 주제는 교사들이 자신을 돌보고, 건강한 상태에서 교육 현장에 설 수 있어야 한다는 새로운 다짐을 상징한다. 교사들은 자신을 돌보는 시간을 가지며, 스스로의 몸과 마음을 챙기는 것이 결코 이기적인 행동이 아니며, 오히려 학생들에게 더 나은 교육을 제공하기 위한 필수적인 과정이라는 것을 배웠다.

◎ 교직원 공동체 협약의 발전과 변화: 함께 성장하는 여정

박신자 교장 선생님은 8년간의 교직원 공동체 생활협약의 역사를 통해 협약이 지속적으로 발전하고 변화하고 있음을 강조했다. "교직원 협약은 교사들이 단순히 개별적인 역할을 수행하는 것을 넘어, 하나의 공동체로서 어떻게 협력하고 성장할 수 있는지를 재정립하는 중요한 틀이 되었다. 이 협약은 교사들 간의 신뢰와 협력, 그리고 서로에 대한 배려를 통해 학교 공동체를 더욱 단단하게 만들어 가고 있다."

초기에는 학생과 학부모, 교사로서의 역할에 중점을 두었던 협약이 이제는 교사 자신의 건강과 행복에까지 확장되었고, 이는 교사들이 서로를 돌보고 지지하는 문화를 형성하는 데 큰 역할을 했다. 교직원 협약의 변화는 교사들 간의 관계를 더욱 끈끈하게 만들었고, 이를 통해 학생들에게도 긍정적인 영향을 미칠 수 있는 교육 환경을 조성하게 되었으리라 생각된다.

"교직원 생활협약은 매년 새로운 과제를 던지며 교사들이 서로의 역할과 책임을 돌아볼 수 있는 기회를 제공해 왔다." 박신자 교장 선생님이 이야기한 것처럼 교직원 생활협약은 "서로를 살피는 계기"가 되었다. 교사들은 자신의 역할뿐만 아니라, 동료 교사들과 학생들, 학부모들 사이에서 어떻게 더 나은 관계를 맺고 협력할 수 있을지를 끊임없이 고민하게 된다.

앞으로도 교직원 생활협약은 교사들이 함께 성장하고 발전할 수 있는 중요한 기회가 될 것이다. 협약을 통해 교사들은 서로를 이해하고 지지하며, 학교 공동체가 나아가야 할 방향을 함께 고민한다. 교직원 협약은 단순한 약속이 아니라, 교사들의 협력과 연대, 그리고 지속가능한 교직 생활을 위한 길을 제시하는 중요한 나침반이 될 것이다.

이렇게 교직원 생활협약은 지난 8년간의 변화를 통해 교사들 간의 협력과 화합을 이끌어내고, 학교가 하나의 공동체로서 더 나은 방향으로 나아갈 수 있는 기반을 마련해 주었다. 앞으로도 협약을 통해 더 나은 교육 환경을 만들어 가기 위해 모두가 함께 노력할 것이다.

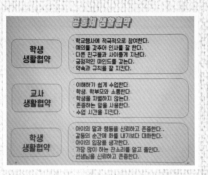

ㅗ017 공동체 생활협약

ㅗ0ㅗ0 교직원 생활협약

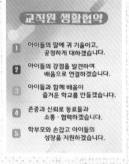

ㅗ0ㅗ1 교직원 생활협약

ㅗ0ㅗㅗ 공동체 생활협약

교직원 생활협약의
역사

2023 홍동중학교공동체생활협약

학생 자존감 도전 행복	보호자 긍정 소통 존중 지지 생명 평화	교직원 신뢰 평화 연결
• 단체 생활에서 적극적으로 나서서 새로운 역할을 맡겠습니다.	• 아이, 교사, 학부모 간에 서로 존중합니다.	• 추측 판단 평가하지 보다는 '무슨 일이 있었는지' 물어보겠습니다.
• 자신이 맡은 일을 포기하지 않고 끝까지 해내겠습니다.	• 뭇는 말을로 서로 인사하겠습니다. • 우리는 평등한 존재라는 것을 매일 확인하겠습니다.	• 사람과 사람을 연결하는 일을 소중히 하고, 사람이 향기가 남는 일이 되도록 노력하겠습니다.
• 싫으면 싫다, 좋으면 좋다 의사 표현을 확실히 하겠습니다.	• 뒤간을 존댓말(그렇군요, 맞습니다) 먼저 사용하겠습니다.	• 서로 다른 의견일지라도 끝까지 경청하겠습니다.
• 나와 다르다고 이상하게 생각하지 않겠습니다.	• 평박이 되도록 자주 이야기 나누고 공감대를 만들어 나가겠습니다.	• 나 자신과 공동체에 긍정적인 영향을 줄 수 있는 말과 행동을 하겠습니다.
• 취미를 가지겠습니다.	• 서로 다름을 이해하고 아이의 눈으로 바라보겠습니다. • 아이의 말을 중간에 끊지 않고 끝까지 듣고 이야기하겠습니다. • 아이의 말과 행동을 받아주겠습니다.	• 당연한 것은 없다는 것을 기억하고, 다른 사람의 제안과 의견을 판단없이 끝까지 듣겠습니다.

20230428 홍동중학교 교육공동체 일동

ㅗ0ㅗ3 공동체 생활협약

우리 모두의 약속, 공동체 생활협약 공포식

이날 홍동중학교에서는 특별하고도 의미 있는 순간이 펼쳐졌다. 바로 교직원, 학생, 학부모가 함께 모여 공동체 생활협약을 공포하는 자리였다. 이 공포식은 단순히 협약을 낭독하고 다짐하는 행사를 넘어, 학교라는 공동체의 모든 구성원이 서로를 존중하고 협력하며 나아갈 것을 약속하는 중요한 시간이다. 각자의 역할을 다하면서도 서로에게 힘이 되어주는 학교 문화를 만들어 가기 위한 이 자리는 앞으로 우리가 만들어 갈 더 나은 미래를 상징할 것이다.

교직원, 학생, 학부모와 함께 만드는 약속

공동체 생활협약 공포식은 교직원, 학생, 학부모가 한자리에 모여 하나의 공동체로서 서로의 역할을 되새기고, 앞으로 나아갈 방향을 함께 다짐하는 자리이다. 이 자리에서 교사들은 교육자로서의 책임을 다할 것을 다짐하며, 학생들과 학부모들에게 존중과 배려를 약속했다. 학생들은 스스로의 학습과 성장에 책임을 다하고, 친구들과 선생님, 부모님을 존중할 것을 다짐했다. 학부모들은 학생들의 교육을 위해 교사들과 적극적으로 협력하고, 아이들을 존중할 것이며, 학교의 일원으로서 참여할 것을 약속했다.

서로의 다짐과 약속이 모여 하나의 협약으로 완성되기까지의 과정은 마치 커다란 퍼즐을 맞추는 일과 같았다. 각기 다른 조각들이 모여 하나의 큰 그림을 이루듯, 교직원, 학생, 학부모의 다양한 생각과 의견이 하나로 어우러져 학교 공동체의 방향성을 정립했다. 이 과정에서 각 주체는 서로의 목소리를 듣고, 이해하며, 보다 나은 학교를 만들기 위해 무엇을 할 수 있을지 진지하게 고민했다.

생활협약을 체결하는 모든 과정이 학생, 학부모, 교직원 3주체가 공동인으로서 서로 협력하여 발전하기를 다짐하는 과정이 되었으리라 기대한다.

> 공동체 생활협약 공포식. 공동체 생활협약을 교직원, 학생, 학부모가 모여 공포하였다. 교직원, 학생, 학부모 3주체가 의미 있는 시간을 갖음으로써 우리들의 멋진 미래를 기대해 본다.

교육과정 준비 주간

새로운 시작을 위한 여정

홍동중학교의 교육과정 준비주간은 의례적으로 진행되는 과정이 아니다. 새로운 학기와 도약을 준비하는 중요한 전환점이다. 이 시기는 교사 모두가 새롭게 설정된 목표를 향해 함께 준비하며, 학교 공동체가 새로운 학문적 열정과 교육적 비전을 실현하기 위해 힘을 모으는 시간이다. 매년 방학에 열리는 이 준비주간은 학생들에게는 새로운 학년을 맞이하는 기쁨과 기대를, 교사들에게는 새로운 교육과정과 계획을 구체화하는 기회를 제공한다. 이 모든 과정에서 느껴지는 설렘과 긴장감은 학교 공동체 모두에게 특별한 의미를 지닌다.

교육과정 준비주간이 시작되면, 학교의 모든 구성원은 흥분과 기대감으로 가득 찬다. 이 기간에는 학생들에게 새 학기의 방향성과 목표를 명확히 하고, 그에 맞는 학습 자료와 활동을 준비한다. 교사들은 학생들의 다양한 학습 요구와 관심사를 반영하기 위해 여러 가지 자료를 조사하고, 교육적 접근 방식을 조정하며, 맞춤형 학습 경험을 제공하기 위해 열정을 쏟아 낸다.

교사들의 이러한 노력은 단순한 교육과정 구상을 넘어서, 학생들에게 더 나은 학습 환경을 제공하기 위한 전반적인 준비를 포함하고 있다. 각 교사는 자신의 과목에 대한 깊은 이해와 전문성을 바탕으로 교육과정을 설계하고, 최신 교육 추세와 연구 결과를 반영하여 학생들이 흥미를 느끼고 효과적으로 학습하는 방안을 모색한다. 이 과정에서 교사들은 서로의 아이디어를 공유하고, 논의하며, 최선의 교육 방안을 찾아내기 위해 협력한다.

학교의 행정팀과 학부모님들 또한 교육과정 준비주간에서 중요한 역할을 맡고 있다. 행정팀은 학사 일정과 교재, 학습 도구를 정비하고, 학부모님들과 소통하여 학생들에게 필요한 지원을 미리 준비한다. 학부모님들은 자녀들이 학교에 잘 적응할 수 있도록 가정에서의 지원을 아끼지 않으며, 학교와 협력하여 학생들의 학습 환경을 지원한다. 이러한 노력은 학생들이 원활하게 새 학기를 시작할 수 있도록 돕는 데 큰 역할을 한다.

교육과정 준비 기간 동안 교사들은 자신들이 준비한 자료와 계획이 학생들에게 어떻게 전달될지를 고민한다. 교사들은 학생들이 새 학기를 어떻게 맞이할 것인지, 학교생활에 잘 적응할 수 있도록 돕는 방법을 모색하며, 적절한 피드백을 제공하고 학습 동기를 높이는 다양한 전략을 세운다. 이 과정에서 교사들은 학생들의 학습 요구를 충족시키기 위해 지속해서 노력하며, 학생들이 학교에서 긍정적인 경험을 할 수 있도록 최선을 다한다.

교육과정 준비주간 전체 회의: 교육과정 준비주간에는 모든 교사가 한 자리에 모여 각자의 경험과 지식을 나누며, 서로의 아이디어를 교환하는 협력의 시간을 가진다.

홍동중학교의 교육과정 준비주간은 단순히 학기 시작을 준비하는 시간이 아니라, 학생들과 교사들이 교육의 새로운 장을 열기 위해 함께 노력하는 과정이다. 이 주간 동안 학교는 새로운 비전과 목표를 설정하고, 학생들은 그 비전을 이루기 위한 준비를 하게 된다. 준비주간은 모든 학교 구성원들에게 새로운 도전과 가능성을 안겨주며, 미래를 향한 한 걸음을 내딛는 소중한 시간이 된다.

방학이 끝나고 학생들이 기다리는 새로운 학기가 다가올수록 교사들은 준비주간의 일정에 따라 각자의 역할을 다하기 위해 분주히 움직인다. 평소에는 각자의 과목과 교실에서 각기 다른 업무를 수행하지만, 준비주간 동안에는 모든 교사가 하나의 목표를 향해 협력한다. 각자의 경험과 지식을 나누며, 서로의 아이디어를 교환하는 이러한 과정은 교육과정의 완성도를 높이는 중요한 과정이다.

홍동중학교 교사들은 준비주간 동안 다양한 프로그램에 참여하며, 새로운 교육 자료와 교수법을 검토하고, 학생들의 학습 요구에 맞춘 교육과정을 개발한다. 이 과정에서 교사들은 자신의 전문성을 바탕으로 아이디어를 제시하고, 동료 교사들과의 논의를 통해 교육과정의 방향성을 결정한다. 이 과정은 각 교사가 자신의 전문성을 발휘하며, 공동의 목표를 향해 협력하는 의미 있는 시간이 된다.

교사들의 팀빌딩 활동

홍동중학교 교육과정 준비주간의 하이라이트 중 하나는 팀빌딩 활동이다. 교사들은 팀을 이루어 다양한 문제를 해결하거나 공동의 프로젝트를 수행하는 활동에 참여한다. 이러한 활동으로 교사들 간의 협동심을 강화하고, 서로에 대해 깊이 있게 이해한다. 팀빌딩 활동을 통해 교사들은 서로의 강점과 약점을 이해하게 되며, 이를 바탕으로 더욱 효과적인 협력 관계를 구축할 수 있게 된다. 이러한 과정은 교육과정 준비에 있어 중요한 기반이 되며, 교사들 간의 유대감을 강화하는 데 도움을 준다.

준비주간의 마지막에는 전체 모임을 통해 각 팀이 준비한 교육과정과 계획을 발표한다. 이 발표는 교사들이 준비한 내용을 공유하고, 전체적인 교육과정의 일관성과 방향성을 점검하는 중요한 시간이 된다. 교사들은 발표를 통해 서로의 아이디어를 피드백하고, 최종적으로 교육과정을 조정하여 완성도를 높인다. 이러한 과정은 교사들이 공동으로 목표를 설정하고, 그 목표를 향해 나아가는 데 필요한 협력과 조정을 보여주게 된다.

　교육과정 준비주간 동안 교사들은 자신의 업무를 넘어, 학교 공동체의 일원으로서 함께 노력한다. 방학에도 교사들은 사명감을 가지고 학생들에게 최상의 교육을 제공하기 위해 헌신한다. 이 과정에서 교사들은 교육의 중요성과 자신의 역할에 대한 자부심을 느끼며, 학교 공동체의 발전을 위해 지속적으로 노력한다.

　이러한 준비주간의 과정과 노력은 홍동중학교가 추구하는 교육의 가치를 실현하는 데 핵심적인 역할을 한다. 학생들은 새로운 학기를 맞아 새로운 도전에 대한 마음가짐을 다지고, 교사들은 학생들에게 최상의 교육 경험을 제공하기 위해 끊임없이 노력한다. 준비주간 동안의 모든 활동과 과정은 학교 공동체가 함께 성장하고, 학생들이 꿈과 목표를 향해 나아갈 수 있도록 돕는 중요한 시간이며, 이 과정에서 만들어진 모든 노력과 헌신은 학생들의 성공적인 학습과 성장에 크게 이바지한다.

교사 팀빌딩 활동: 교사들은 팀을 이루어 다양한 문제를 해결하거나 공동의 프로젝트를 수행하는 다양한 활동에 참여한다. 팀 빌딩 활동으로 교사들 간의 협동심을 강화하고, 서로에 대해 깊이 이해한다.

교육과정 설명회

혁신적 학습 환경의 새 장을 열다

　홍동중학교의 교정은 매년 학기 초, 교육과정 설명회라는 특별한 날을 맞이하여 활기로 가득 차고 있다. 봄날의 햇살이 따스하게 내리쬐는 날, 학교는 학부모님들을 초대하여 한 해 동안 이루어질 교과 수업의 계획과 내용을 상세히 소개하는 자리를 마련한다. 설명회는 단순히 교육적 정보를 전달하는 것에 그치지 않고, 교사와 학부모가 직접 소통하며 교육과정에 대한 깊이 있는 이해를 도모하는 소중한 기회를 제공한다. 특히, 이날의 핵심 행사 중 하나인 교과 부스 탐방과 학급 담임 시간은 학교와 가정이 협력하여 학생들의 학습과 성장을 지원하는 데 중대한 역할을 한다.

　홍동중학교의 교과 부스 탐방은 학부모님들에게 자녀의 학습 내용을 더 깊이 이해할 수 있는 기회를 제공하는 중요한 행사이다. 교과별로 마련된 부스는 해당 과목의 특성과 올해의 학습 목표를 직관적으로 이해할

교과 부스 탐방. 교과별로 마련된 부스에서는 해당 과목의 특성과 학습 목표를 체계적으로 이해할 수 있도록 설계되어 있다.

수 있도록 설계되어 있다. 수학, 과학, 역사, 국어 등 다양한 교과 부스가 전시되어 있으며, 각 부스는 학생들이 어떻게 학습하고 성장할지를 보여주는 체험의 장으로 꾸며져 있다.

먼저 수학 부스에서는 교사가 학생들이 수학적 사고를 어떻게 기르고 있는지를 보여주는 다양한 프로젝트와 학습 방법을 소개한다. 또한 문제 해결 능력의 중요성을 강조하며, 학생들이 어떻게 실생활의 문제를 해결하는지를 보여준다. 이와 더불어 교사는 학부모님들에게 자녀의 수학적 성장을 지원하는 방법과 교실에서의 활동을 설명하며, 자녀의 수학 학습을 어떻게 보조할 수 있는지에 대한 조언을 제공한다.

역사 부스에서는 중요한 역사적 사건의 재현 모델과 연대기 자료를 통해 학생들이 역사적 사고를 기르는 방법을 설명한다. 학부모님들은 역사적 사건을 시각적으로 이해하고, 학생들이 역사적 지식을 어떻게 확장해 나가는지를 파악할 수 있다. 교사는 역사적 사건을 깊이 이해하고 이를 바탕으로 분석하는 방법을 안내하며, 학부모님들에게 자녀의 역사적 지식을 어떻게 지원할 수 있는지에 대한 팁을 제공한다.

국어 부스에서는 다양한 문학 장르를 소개하며, 올해의 문학적 분석과 감상 활동을 설명한다. 학부모님들은 문학 작품을 직접 분석하고, 자녀가 문학적 상상력을 어떻게 기르는지를 이해할 수 있다. 교사는 문학적 비평과 감상의 중요성을 설명하며, 자녀의 문학적 감수성을 키우는 방법을 제안한다.

학급 담임 시간

교과 부스 탐방이 끝난 후에는 학부모님들과 담임 선생님이 만나는 시간, 즉 학급 담임 시간이 시작된다. 이 시간은 단순히 학부모님들과 담임 선생님 간의 만남을 넘어서, 학생들의 학교생활에 대한 깊이 있는 이해를 돕는 중요한 과정이다. 이 시간 동안 학부모님들은 자녀의 학습 환경과 계획을 직접 듣고, 담임 선생님과의 소통을 통해 자녀의 학습과 성장에 대한 신뢰를 더욱 확고히 할 수 있다. 또한, 담임 선생님들은 학부모님들의 의견을 경청하고, 학생들에게 더 나은 교육적 지원을 제공할 수 있는 기회를 얻게 된다.

각 학급의 담임 선생님들이 따뜻한 미소와 함께 학부모님들을 맞이하며, 자신의 교육 철학과 올해의 교육 계획을 상세히 설명한다. 학부모님들은 담임 선생님과의 대화에서 자녀의 학습 습관, 진로 고민, 학교생활 전반에 대한 궁금증을 공유한다. 담임 선생님들은 학부모님들의 질문에 성심껏 답변하며, 자녀의 학습을 효과적으로 지원하는 방법에 대해 조언을 제공한다.

이러한 대화는 학부모와 교사가 서로의 기대와 우려를 나누는 소중한 시간이 되며, 학생들이 학교에서 겪는 일상적인 경험을 함께 이해하고 지원할 수 있는 기회를 제공한다. 담임 선생님은 학부모님들에게 학습 자료와 일상적인 과제, 학생들의 성장을 돕기 위한 유용한 팁을 공유한다. 학부모님들은 이 정보를 바탕으로 자녀의 학습을 지원할 수 있는 구체적인 계획을 세울 수 있다.

이러한 과정은 학생들에겐 새로운 출발점이 되고, 학부모들에게는 자녀의 교육에 대한 확신을 심어주는 소중한 기회가 된다. 학교와 가정의 협력은 학생들의 학습 동기를 높이고, 긍정적인 학교 경험을 제공하는 데 큰 역할을 한다. 학부모들은 학교의 교육 방향과 담임 선생님의 접근 방식을 이해하고, 자녀의 학습에 적극적으로 참여하는 방법을 모색하게 된다.

학급 담임 시간.
담임 선생님과 소통의 시간을 통해 자녀의 학습과 성장에 대한 신뢰를 더욱 확고히 할 수 있다.

혁신학교의 출발점, 교육과정 설명회

홍동중학교의 교육과정 설명회는 단순한 정보 제공의 장을 넘어, 학교와 가정의 관계를 더욱 돈독히 하고, 학생들에게 더 풍부한 학습 경험을 제공하는 중요한 행사이다. 학교가 마련한 이 자리는 학생들의 미래를 향한 발판이자, 교사와 학부모가 함께 만들어 가는 교육의 새로운 장을 열어가는 기회의 순간이다. 이 모든 과정은 학생들이 학교에서 경험하는 하루하루가 더욱 의미 있고, 성장할 수 있는 기회를 제공하기 위한 끊임없는 노력을 보여준다.

혁신학교로서 홍동중학교는 교육의 변화와 혁신을 체계적으로 반영하여 학생들의 전인적 성장을 지원하고 있다. 교사와 학부모가 함께 참여하여 학생들의 학습 환경을 더욱 풍요롭게 만드는 이 시간은, 학교와 가정 간의 협력을 강화하고, 학생들이 더 나은 교육을 받을 수 있도록 돕는 데 큰 역할을 한다.

이러한 교육과정 설명회와 혁신적인 교육 방향은 학생들에게 의미 있는 학습 경험을 제공하며, 학교와 가정이 함께 도모하여 학생들의 미래를 위한 첫걸음을 내딛는 중요한 순간이 된다. 이는 마침내 혁신적 교육의 핵심을 이해하고 체험할 수 있는 기회를 제공하며, 학생들의 성장과 발전을 위한 지속적인 노력을 최대치로 끌어낼 수 있게 된다.

학생중심의 업무분장

틀을 바꾼 업무분장

학년말이 되면 그동안의 업무를 마무리하면서 새 학기에는 누가 담임을 맡게 될지, 그리고 올해의 어려웠던 업무는 누가 담당할지를 고민하게 된다. 특히 작은 학교는 담임교사가 여러 가지 업무를 동시에 수행해야 하므로 2중 3중으로 업무 피로도가 누적되는 경우가 많다. 이러한 상황은 교사들이 어느 한 부분에서 소홀해질 수 있다는 우려를 낳는다.

우리학교는 2007년에 학교혁신을 시작하면서 이러한 문제를 해결하기 위한 고민을 시작했다. 담임교사가 업무 과중에서 벗어나 학생의 성장과 발달에 집중할 수 있도록 하고, 보다 적극적인 학급경영을 할 수 있는 환경을 조성하기 위해 노력했다. 2019년부터는 본격적인 학교업무최적화 TF팀을 구성하여 교육과정 중심의 업무조직 개편을 추진하였다. 이 과정에서 교무행정팀을 구성하고 운영하며, 학교업무 효율화 시스템을 정비하여 현재의 업무부와 담임부로 나누어 기존의 틀을 바꾼 업무분장을 운영하게 되었다.

2024학년도 업무분장표

업무분장	성명	담당업무	과목	직책	비고	
					담임	기타
학교관리	박••	학교총괄		학교장		
	안••	교무총괄		교감		
교육과정운영부	강••	부장	수학	교사		
	안••	학적교무정보	도덕	교사		
	조••	식생활교육	영양	교사		
	이••	교무행정		교무행정사		
민주시민자치부	이••	부장	특수	교사		
	김••	학생기획	체육	교사		
	심••	학생자치	한문	교사		
	박••	건강보건	보건	교사		
	강••	전문상담	상담	교사		
수업혁신나눔부	방••	부장	과학	교사		
	김••	참학력	사회,역사	교사		
미래꿈이룸부	채•	부장	진로	교사		
	김••	도서관	미술	교사		
담임부	송••		영어	교사	1-1	
	김••		기술,가정	교사	1-2	
	김••		영어	교사	2-1	
	전••		국어	교사	2-2	
	김••		국어	교사	3-1	
	이••		수학	교사	3-2	
	이••		특수	교사	도움반	

　　이러한 변화의 결과로 담임교사는 학생 상담 시간을 충분히 확보할 수 있게 되었고, 학생 간의 갈등 조절과 관련된 시간적 여유도 늘어나게 되었다. 교사들은 이제 더욱 세심하게 학생의 성장과 발달을 관찰할 수 있으며, 보호자와의 소통을 통해 결과를 공유하고 학생과 함께 할 수 있는 시간을 많이 확보할 수 있었다는 공통된 의견이 있다.

또한 담임교사는 업무와 담임 업무를 함께 운영하던 이전의 시스템보다 수업 연구 시간도 충분히 확보할 수 있게 되었다. 이러한 변화는 교사들이 전문성을 더욱 발전시키고, 학생들에게 보다 나은 교육 환경을 제공할 수 있는 기반이 되고 있다.

업무의 효율적인 운영을 함께 고민

12월은 학교에서 한 해를 마무리하는 중요한 시기로, 각 부서가 모여 그동안의 성과와 아쉬움을 돌아보는 시간을 갖는다. 이러한 부서별 업무 논의는 단순한 연례 행사에 그치지 않고, 다음 해의 발전을 위한 기초를 다지는 중요한 과정이다.

각 부서의 교사들은 한 해 동안 추진했던 다양한 업무를 공유하며 서로의 노고를 격려하고, 아쉬웠던 점에 대해서도 솔직하게 이야기하는 과정을 거친다. 이 과정에서 불필요한 업무를 덜어내는 것도 함께 이루어지며, 이는 교사들 간의 협력과 소통을 더욱 강화하는 계기가 된다.

이러한 대화는 서로의 경험을 통해 배울 수 있는 기회를 제공하며, 내년에는 어떻게 더 나은 방향으로 나아갈 수 있는지를 함께 고민하는 소중한 시간이 된다. 논의된 내용은 기획 회의와 전체 교직원 협의회를 통해 공유되며, 각자의 의견을 바탕으로 어떻게 발전시킬 수 있을지 논의한다. 이 과정에서 나오는 다양한 의견들은 교육과정 함께 만들기 주간에 다시 안내되어 최종적인 조율을 거치게 된다.

특히, 2022학년도에 홍동중학교에서 진행된 교육과정 함께 만들기 주간은 매우 인상적이었다. 교장 선생님과 교감 선생님이 모든 일정에 적극적으로 참여하며, 회의 과정에서 필요한 경우 관리자의 의견을 즉시 물어 조율하는 모습은 다른 학교에서는 쉽게 접할 수 없는 혁신적인 접근이었다. 이러한 모습은 '아, 혁신학교는 이렇게 다르구나'라는 인식을 심어주었다.

학년말 업무평가를 통해 각자 운영했던 업무와 관련하여 진지한 이야기를 나누고 있다. 다음 학년에 보완할 부분, 덜어낼 부분에 대해 이 시간에 틀을 잡는다.

함께 의견을 나누는 담임들의 화요일

담임교사들이 직면하는 고민은 매우 다양하고 깊이 있는 문제들이 많다. 학급경영, 학생생활지도, 수업 등 학생과 관련한 모든 측면을 세밀하게 파악하고 적절한 지원을 제공하는 과정에서 교사들은 자연스럽게 고민이 점점 쌓여만 가는 것을 경험한다. 이렇게 쌓여만 가는 고민을 함께 이야기 나누며 해결책을 모색하기 위해 담임교사들이 함께 의견을 나누는 담임교사 협의회 시간을 정기적으로 운영한다.

담임교사 협의회에서는 학생 갈등 요소, 학급경영의 어려운 점, 학생 생활지도에 대한 고민 등 여러 가지 세부적인 사항들이 진솔하게 논의된다. 참여와 소통이 어려워 수업 이탈이 잦았던 학생, 공격적인 성향을 띄고 있던 학생, 자존감이 너무 낮아 문제가 되었던 학생, 매일 수업 시간에 잠만 자는 학생 등등 반에서 도드라져 보여 걱정이 많았던 다양한 학생들의 상황에 대해 담임교사들이 정보를 공유하며 함께 고민한다.

교사는 자신의 경험을 바탕으로 문제를 바라보고, 서로 다른 시각과 해결책을 제시함으로써 보다 효과적인 지원 방안을 모색하게 된다. 또한 담임교사 외에도 학생에게 상호작용이 필요한 교사들이 협의에 함께 참여함으로써 학생들에게 필요한 지원과 조치를 구체적으로 논의하기도 한다. 담임교사 협의회를 통해 교사들은 서로의 의견을 존중하고 협력하여 최선의 해결책을 모색하며 학생들의 성장과 발달을 위해 지속적으로 노력한다.

2학년 담임교사가 학생 상담 결과를 공유해주고 있다.
이 시간을 통해 학생들을 좀 더 세밀하게 파악할 수 있다.

가정방문 주간 상담 결과 공유

새 학기가 시작되는 3월은 아직 서먹서먹한 분위기 속에서 학생들과의 관계를 쌓아가는 중요한 시점이다. 이 시기에 교사들은 학생들을 좀 더 깊이 이해하기 위해 1주일간의 가정방문 주간을 운영한다.

가정방문을 통해 교사들은 학생의 가정에서의 생활 습관, 가족 간의 관계, 학습 환경 등을 직접 확인할 수 있으며 학부모와의 대화를 통해 학생이 학교에서 보이는 행동의 배경과 그에 영향을 미치는 다양한 요인들에 대해 알게 된다. 이러한 과정은 교사들이 학생을 보다 포괄적으로 이해하는 데 큰 도움을 준다.

가정방문 주간이 끝나면 교사는 상담 결과를 바탕으로 한 정보를 전체 교사가 함께 공유하는 시간을 갖는다. 상담 결과를 공유함으로써 교사들은 학생에 대한 공통된 이해를 높일 수 있으며, 학생의 개별적인 요구와 문제를 보다 잘 파악하게 된다.

자존감이 많이 떨어진 ○○학생에게는 수업 시간이나 생활지도 시 긍정적인 피드백과 칭찬을 자주 해주기, 체중에 대한 강박과 섭식장애를 겪고 있는 ○○학생에게는 외모와 관련된 칭찬 자제하기, ○○학생이 앓고 있는 질병에 대한 이해 및 조치사항 안내 등 함께 공유해야 할 내용을 숙지함으로써 학생들이 보다 안전하게 학교생활을 할 수 있도록 도움을 주고 있다.

195

홍동중학교

4장.

온마을에서 자라는 아이들

함께 사는 마을

온마을에서 자라는 아이들

"선생님. 저는 홍동에서 태어나서 지금까지 살았는데, 이런 이야기를 자세히 들으며 마을을 다녀본 건 처음이에요."

"뭐가 없는 시골인 줄 알았는데 생각보다 많은 것들이 홍동마을에 있네요!"

'함께 사는 마을' 수업을 마친 1학년 학생들의 이야기다. '함께 사는 마을'은 1학년 특성화 교육과정이다. 홍동마을에 살고 있는 마을교사 세 분과 진로교사가 협업하여 아이들에게 소개하면 좋을 마을의 곳곳을 큐레이팅하고 안내한다. 2015년 혁신학교를 시작하며 '지역사회 연계 공동체 교육'으로 시작하였으니 그 역사가 꽤 깊다. 농촌의 작은 학교 홍동중학교. 도시 지역의 학교에 비해 학생들의 역량이나 학습 능력이 낮은 편이고 학력의 격차 또한 크다. 학생들은 자신의 진로 인식이 확실할 때 학

습 필요성과 의욕을 갖게 되며, 자발적인 자기주도적 학습 의욕을 갖게
된다는 생각으로 마을에서 학생들의 진로를 탐색하고 지역의 특성을 살
린 미래지향적 가치를 반영한 교육과정을 구안한 것이다.

내 친구의 부모님이, 동네에서 자주 보던 아저씨 아줌마가 이곳 홍동
마을에서 어떤 가치를 가지고 어떤 일을 하고 있는지 살펴보고 이해하
며, 나의 진로에 대한 생각을 시작하는 것. '삶이 뭐지?', '진로가 뭐지?'
내가 사는 마을과 이웃의 삶을 살펴보는 것에서 시작하는 진로교육. 이
것이 '함께 사는 마을' 수업에서 얻고자 하는 것이다.

풀무학교생협: 갓골빵집

"이게 제분기에 들어가기 전의 밀이에요."

"처음 봤어요. 이게 그 밀이었구나."

"그냥 뚝딱 만드는 빵이 아니었네요. 밀을 기르고 제분해서 발효하고! 우와~"

"언제 가장 뿌듯하세요?"

"새로 만든 식사빵이 맛있을 때, 행복해요."

"빵 맛있어요?"

"얘기 듣고 먹으니까 더 맛있어요."

> 마을에서는 갓골빵집이라고 불리는
> 직접 기른 유기농 밀을 직접 제분해
> 직접 빵으로 만들어 직접 판매하는
> 풀무학교생활협동조합.

홍성의료복지사회적협동조합
- 우리동네의원

"안녕하세요?"

"오랜만이다. 많이 컸네. 다들 잘 지냈어?"

이번 주는 우리동네의원이다. 마을 의사선생님과 간호사 선생님이 반갑게 맞아주신다. 어려서부터 열이 나거나 감기에 걸리면 다녔던 이곳은 아이들에게 친숙한 공간이다. 의원 옆 만화방으로 자리를 옮겨 의료사협 사무국장님께 의료사협에 대한 설명을 들었다.

"아픈 사람을 치료하는 일 말고 무얼 하나요?"

"저는 의사나 간호사가 아닌데 여기 협동조합에서
사무국장으로 일을 합니다. 의료사협에서는 병 진료 뿐만 아니라
조합원과 마을 사람들의 건강하게 생활할 수 있도록

등산 소모임, 벚꽃길 걷기 같은 작은 모임을 만들어 서로의 건강을
돌보고, 어린신들을 위한 허리건강교실, 우리마을주치의 방문진료 등
마을에 홀로 계신 어르신들을 연결하고 돌보는 일을 하고 있어요."

"마을 건강 복지 1번지이군요!"

파란농장

"저는 홍동초, 홍동중, 풀무고를 졸업하고 농사가 좋아서
홍동에서 농사를 짓고 있어요. 모를 기르는 것은 정성을 들여야
하는 일이에요. 마을에 농사를 짓던 분들이 나이가 들어가고 농사를 짓기
힘들어하시는데, 그분들의 논에 심을 모를 대신 길러 심어드리는 일을 하고 있어요.
마을 어르신들과 함께 농사를 짓는 일이 제게는 참 의미가 있습니다."

모를 기르는 육묘장 파란농장.
직접 농사짓기 어려운 마을의
고령 어르신들의 논에 심을 모를 모아
함께 기른다.

평촌목장

"평촌요구르트가 여기서 나오는 거였어? 나 이거 좋아하는데~"
"젖소를 기르고 우유를 생산하는 거부터 하는 거였구나."

젖소에게 먹일 풀을 키우는 일부터 요구르트를 만드는 일까지 마을의 많은 사람들이 이곳에서 일한다. 오늘은 평촌목장에서 일하는 분을 만났다.

"이 일을 하게 된 이유가 무엇인가요?"
"저는 군인으로 일을 하다가 이 홍동마을을 알게 되었어요. 홍동마을 사람들이 좋아 그 사람들과 한마을에서 같이 살고 싶어 이 일을 선택했어요."

마을을 돌아보며 듣는 마을 사람들의 살아있는 이야기 속에서 내가 좋아하고 잘하는 것뿐만이 아니라 돈을 얼마나 버느냐가 선택의 기준이 아닌 직업을 선택하는 기준이 참 다양하다는 것을 아이들이 알아가길 바란다.

오와린 농장

"아마 국내 최연소 농부일 거예요.
오와린 농장 이재영 농부를 소개합니다."
"2017년 홍동중학교 학생회장이었다구요? 우와~"
"네, 홍동중, 풀무고를 나와 농사를 짓고 있어요. 직접 기른 농산물을 SNS를 통해
직접 판매하기도 하구요. 사람들이 모일 수 있는 '뿌리파티' 같은 작은 행사를
만들기도 합니다."

"다양한 채소를 기르고 있어요. 이건 빨강무인데요.
무도 품종이 아주 다양합니다. 먹어볼 사람?"
"저요", "저 주세요", "제가 먹어볼래요."

여기저기서 서로 먹어보겠다며 아우성이다.

논밭상점

"무슨 농사를 주로 짓나요?"
"식용 꽃과 허브를 직접 농사짓고
판매하고 있어요. 판로를 찾지 못한 마을 사람들의 소규모 농산물을
논밭상점이라는 허브를 통해 직접 판매하기도 하구요. 우리가 마을에서 농사
말고 무엇을 할 수 있을까 하며 요즘은 유기견 임시
보호를 하고 있습니다. 이런 일들이 세상을 좀 더 살기
좋게 하는 거라고 생각해요."
"몇 명이 함께 일하나요?"
"10명이 넘는다구요? 사장님이네. 사장님~"

"허브농사를 선택하게 된 계기가 무엇인가요?"
"저희 아버지도 농부이신데 제가 농사를 짓겠다고
말했을 때, 아버지가 너는 고구마, 양배추 같은 무거운 거 말고 가벼운 농사를
지어라~ 하셨어요. 그래서 선택한 것이 허브였고, 허브는 가볍기도 하고
레스토랑 등에 좋은 값으로 판매되어 수익률이 높기도 합니다."

  학교로 돌아와 견학내용 정리하며 아이들이 한 말이다.

"선생님, 농사는 쌀농사, 야채농사만 있는 줄
알았는데 마을 돌아다니며 정말 다양한 것을
기르고 팔 수 있다는 걸 알게 되었어요.
게다가 유기견 임시보호라니! 정말 멋있어요."

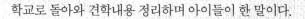

이히브루

도시에서 홍동마을에 이사와서 자연농법으로 생산한 농산물을 꾸러미로 판매하며 생계를 유지하다 재미삼아 우연히 만들어 본 맥주가 인연이 되어 양조장을 차리게 되었다고 한다. 어떻게 맥주를 만나게 되었는지 자세히 설명하는 그녀의 목소리가 아이들의 귓가에 맴돈다.

"그럼 직접 농사지은 걸로 맥주를 만드시는 거예요?"
"직접 농사지은 조동지라는 쌀을 이용하기도 하구요. 마을에서 농사지은 스펠트 밀을 쓰기도 하구요. 지금 양조장에서 생산하는 맥주는 세 종류인데 밀맥주, 보리맥주, 쌀맥주가 있어요. 재료를 모두 생산하지는 못하고 맥주의 원료인 홉은 유기농홉을 사서 쓰고 있습니다. 내가 좋아하는 일을 취미 삼아 해 보다가 그것을 연구하고 발전시켜 나의 직업이 되기도 한다는 것을 여러분이 알았으면 좋겠어요."

수업을 진행한 진로선생님이 말씀하셨다.

"농촌이 농업만 하는 곳이라는 생각을 벗어나는 것. 우리가 살고 있는 터전에 다양한 구성원이 다양한 생각을 가지고 삶을 펼쳐 나가고 있다는 것을 배웠으면 좋겠어요."

'함께 사는 마을' 수업의 큐레이팅을 하신 마을교사의 말씀이다.

"마을이 아이들과 친근한 공간이었으면 좋겠어요. 마을에 사는 사람이 나와 내 가족이고, 친구와 친구의 가족이라는 것을 알았으면 좋겠습니다. 저도 마을 사람이에요. 마을에서 오가며 만나 반갑게 인사 나눴으면 좋겠어요."

마을 속에서 아이들은 배운다. 진로가 멀리 떨어져 있는 것이 아니라 친구의 부모님, 우리 학교를 졸업한 형과 누나, 어렸을 때부터 수없이 드나든 동네의원과 빵집에 있다는 것을 배운다. 나의 관심사가 나의 진로가 되고 살면서 관심사가 변해 또 다른 진로가 되기도 한다는 것을 마을 어른의 이야기로부터 배운다. 그렇게 '함께 사는 마을' 수업은 채워진다.

더 큰 학교, 마을

 2005년 홍동지역의 초·중·고 교사와 지역주민 등 13명은 〈범교과 교육과정 연구회〉를 결성하여 체험교육과정을 구성하는 한편 때마침 시행된 주 5일 수업제의 휴일 토요일에 농촌 체험프로그램인 햇살배움터를 열었고, 2006년에는 이를 종합한 발표회를 마을에 제안하여 〈제1회 홍동거리축제를〉 개최하였다. 거리축제가 성공적으로 운영되면서 유·초·중·고에서 마을교육과정을 실행하게 되는데, 이를 통해 홍동마을교육과정이 형성되기 시작한 것이다.*

 아이들에게 홍동마을은 아주 큰 배움터다. 마을의 곳곳을 찾아가 살피고 조사하고, 마을의 행사에 마을주민으로 참여하며 마을의 일상 속에서 배움의 기회를 얻고 공동체의 일원으로서 성장하는 중요한 경험을 한다.

---

* 2023 부산대 주관 마을교육생태계 포럼 '마을교육생태계를 반영한 마을교육과정 운영사례' 발표 - 민병성에서 발췌

햇살배움터 마을교육 사회적협동조합

마을교육공동체.

'햇살배움터 마을교육 사회적협동조합'을 생각하면 떠오르는 말이다.

"방과후에 아이들이 갈 곳이 없어요. 아이들은 어떤 공간을 좋아할까요?" 그렇게 2014년 'ㅋㅋ만화방'이 만들어졌다. 만화방을 중심으로 움직이던 '햇살배움터'라는 모임이 2020년 '햇살배움터 마을교육 사회적협동조합'으로 다시 태어났다. 그 후, 마을에서는 "우리 마을 아이들을 위해 무엇이 필요한 지 학교와 함께 이야기 나누고 싶어요.", "학교에서 하기 어려운 마을에서 할 수 있는 교육은 뭘까?", "마을교사를 위한 교육이 필요해요. 어떤 강의가 마을교사들의 역량을 기르는 데 힘이 될까요?" 등 많은 질문과 토의토론을 통해 여러 가지 활동들이 펼쳐지고 있다. 이처럼 햇살배움터 마을교육 사회적협동조합은 마을이 하나의 큰 학교가 되어 아이들에게 더 넓은 배움의 기회를 제공하고 있다. 마을과 학교, 협동조합이 함께 만들어가는 이 새로운 교육 모델은 아이들이 성장하는 데 있어 중요한 역할을 하고 있으며, 이는 단순히 학습의 차원을 넘어 아이들의 전인적 성장을 돕는 중요한 기반이 되고 있다.

그 한 예가 ㅋㅋ만화방 청소년 운영단 '스스로'이다. 'ㅋㅋ만화방을 아이들이 운영한다고?' 2023년 스스로 1기가 활동을 했고 2024년 스스로 2기가 활동을 시작했다. '아이들이 잘 할 수 있을까?' 걱정한 것이 무색하리만큼 신나게 돌아간다.

"선생님. 오늘 만화방 야간 개장이에요."

"선생님. 지구의 날 행사해요. 놀러 오세요~"

"선생님. 오늘은 ㅋㅋ만화방 10살 생일파티 하는 날이에요. 저희가 준비 했어요!"

청소년 운영단 '스스로'가 스스로 움직일 수 있도록 소리없이 지원하는 마을교사. 마을에 아이들과 함께 호흡하며 웃는 어른들이 있어 참 고맙고 행복하다.

2024 씽씽~ 자전거 한 바퀴

코로나가 온 지구를 꽁꽁 얼어붙게 만들었던 시절. 집에 갇힌 아이들의 몸과 마음을 깨우는 데 마을은 아주 큰 역할을 했다.

"모여서 자전거라도 타볼까?"

하며 시작된 것이 '햇살배움터 씽씽~ 자전거 한 바퀴'로 이어졌다. 마을 어른들이 아이들의 안전을 살피며 친구들과 함께 자전거를 타고 멀리까지 가 보는 경험. 봄꽃이 예쁘게 핀 홍성 곳곳을 자전거 타고 씽씽 달려보는 경험. 우리 마을이 이렇게 예쁘구나. 멋지구나를 온몸으로 느끼는 것. 마을교육공동체가 아이들에게 준 선물이다.

햇살등산학교

어려운 과제를 인내와 협력으로 성취해 내는 경험. 체험이 아닌 경험을 하는 것이 중요하다고 말한다. 2023년 홍동초등학교 6학년과 햇살배움터가 함께 했던 지리산 종주. 올해는 홍동중 1학년도 함께 했다. 작년에 다녀온 지리산이 마음에 남았는지 아이들은 햇살등산학교에서 다달이 여는 연습산행을 꾸준히 참석하고 안전교육을 받은 후 지리산으로 향했다.

"6학년 때는 힘들었는데 올해는 날아다녔어요."

라는 아이의 말에서 해마다 성장하고 있음을 본인 스스로 알고 있다는 것이 확인된다. 그렇게 동생들과 함께, 마을의 어른들과 함께 경험을 쌓아가며 마을의 형님으로 성장하고 있다.

홍동거리축제와 홍동뮤직페스티벌

2006년에 학교의 제안으로 시작된 '홍동거리축제'는 이제 마을의 큰 볼거리이다. 학교연합발표회의 성격으로 시작되었으나 지금은 마을주민자치회가 기획하고 진행하는 마을의 큰 행사가 되었다. 아이들은 공연의 발표자로 홍동중학교, ㅋㅋ만화방 부스의 지킴이로 봉사자로 홍동거리축제에 참여한다. 아이들이 문화소비자로만 존재하는 것이 아닌 생산자, 협력자로서의 다양한 역할을 하며 마을의 한 주민으로 멋지게 성장하고 있다.

홍동거리축제

홍동뮤직페스티벌

홍동뮤지페스티벌은 올해로 3회째를 맞이했다. 1, 2회에서는 볼 수 없었던 홍동중학교 자율동아리 아이들의 참여가 눈에 띄었다. 학교 선생님의 제안이 아닌 스스로 참여를 결정하고, 페스티벌 주최측에 연락을 하고, 연습을 위해 시간을 내서 모이는 아이들. 마을의 축제에 한 팀으로 당당히 참여하는 아이들. 아이들 곁에 친숙한 마을이 있기에 가능한 일이 아닌가 생각해 본다.

홍동중 달놀이

이렇게 마을교육공동체가 유지되는 큰 힘은 학부모로부터 온다. 학부
모가 학교와 함께 마을과 함께 아이들과 함께 한다. 홍동지역은 놀이모
임 '아싸'라는 자생조직이 있다. 홍동초 학부모들 중심으로 시작된 것이
시간이 지남에 따라 이제 마을주민과 홍동중 학부모로 확대되었다. 초
등학교에서는 한 달에 한 번 밤놀이를 중학교에서는 달놀이를 열어 아이
들이 놀이를 통해 관계맺고 성장할 수 있도록 마음껏 뛰어놀 수 있는 장
을 마련한다.

　아이들이 모여 관계를 맺고 함께 배우며 세상으로 나가는 연습을 하는 곳이 학교이다. 학교에서 배우고 익힌 것을 안전한 공간인 마을에 나가 참여하며 실천해 보는 것. 따뜻한 시선으로 그것을 지켜보며 지지하는 어른들이 있는 마을. 아이들을 마을의 주민으로 인정하고, 함께 하는 활동을 지속적으로 만들어 내는 마을. 그런 마을 '홍동'이 있기에 홍동중학교 아이들은 오늘도 자신감을 가지고 마을로 나간다.

오늘도 홍동중학교 아이들은
자신감을 가지고 마을로 나간다

홍동중학교

내가 살아가는 홍동중학교

학생회장 **방단아**

학교생활을 하면서 즐겁고 편안하다고 느끼는 것은 매우 중요하다. 얼마나 학교를 편안하고 안전한 공간으로 생각하는지에 따라 학교에 대한 인식이 고정되기 때문이다. 학교 오는 것이 즐겁고 기대된다면 그것은 완전 축복받은 것이다.

이렇게 학교를 편안하고 기대되는 공간으로 인식하는 것은 어렵다. 학교가 학생들의 이야기를 귀 기울여 들어주고 그것을 잘 반영해 준다면 공부와 시험에 지쳐있는 학생들이 조금은 학교에게 마음을 열지 않을까? 거기에 더해 학생들의 의견을 대변하는 학생회가 활발히 활동한다면 학교는 학생들을 위한 공간이라고 생각하고 많은 활동을 할 수 있을 것이다.

물론 우리 학교도 학생들의 불만이 있다. 하지만 나는 우리 학교는 좋은 학교라고 말할 수 있다. 우리 학교는 내가 중요하게 생각하는 편안한 학교와 나름 잘 맞는다.

학생회장으로 학생회 활동을 하면서 본 선생님들은 우리의 계획과 하고 싶어하는 일을 할 수 있게 최대한 도와주신다. 학생회가 하는 일에 관심 가져 주시고 공약을 지키려고 노력하는 우리를 응원해 주신다. 항상 열심히 한다고, 멋있다고 칭찬해 주신다. 이런 선생님들의 응원에 힘입어 우리도 더 열정적으로 활동할 수 있다. 학생들이 즐거운 학교생활을 할 수 있도록 행사를 계획하여 진행하고 학생들의 피드백을 받아 최대한 행복한 추억을 남길 수 있게 한다. 학생들도 그런 학생회가 진행하는 일들을 적극적으로 참여하고 충분히 즐겨줘서 모두가 행복한 학교가 되어가는 중이다.

우리 학교에 있는 전교생 환영회와 공동체 생활협약식, 다모임, 학급 뮤지컬과 같은 행사들 덕분에 학교의 모든 구성원들이 편안하고 자신의 의사를 마음껏 표현할 수 있는 학교가 되어가는 것 같다.

새 학기를 시작하며 신입생과 재학생이 만나 서로 친해지는 시간을 갖는 전교생 환영회는 준비하면서 힘들었지만, 그 행사가 있어서 앞으로의 학교생활이 조금이나마 기대되게 해주었다. 학생회가 구성한 조별로 1, 2, 3학년이 모두 섞여 게임을 하며 새 학기의 두려움과 버거움을 덜어

내는 축제와 같은 행사이다. 학생회가 되고 나서 처음 맞는 행사라 미숙하고 떨렸지만, 행사를 즐기는 학생들을 보면서 힘이 났다.

학생 협약, 보호자 협약, 교직원 협약 이렇게 세 개로 만들어지는 공동체 생활 협약 만들기를 주관하고 진행하다 보면 괜히 뿌듯해지곤 한다. 학생들이 직접 서로가 서로에게 지켜주길 바라는 약속을 적고, 그것을 하나의 문장으로 만들어 가는 모습을 보면 홍동중학교에 오길 잘했다는 생각이 든다. 모두가 지킬 약속을 학교에서 일방적으로 정해 통보하는 것이 아니라 직접 정하는 과정을 경험하면서 학교가 학생들을 위한 곳이라고 더욱 느껴졌다.

이처럼 학생 모두의 의견을 들을 수 있는 다모임, 학생, 교직원, 학부모 모두가 참석해 즐길 수 있는 학급뮤지컬, 적극적으로 활동하는 학생회와 같은 것들이 우리 학교를 더욱 빛나게 해주는 것 같다. 나는 이러한 모든 것들을 경험하고 생활하면서 우리 학교는 훌륭한 학교라고 말하고 싶다.

'밥'이 되는 학교

교사 **이은영**

아이에게 물었다.

"너에게는 뭐가 '밥'이니?"
"집에 있는 거요."

아이는 당연하다는 듯이 대답하고선 질문을 돌려준다.

"샘은요?"
"샘은, 보람…? 너희들이 행복하게 성장하는 모습을 보는 게 샘에게 '밥'이야."

다른 아이들의 수다 속에 나의 말은 바람처럼 흩어졌다. 그래도 아이
는 의미를 알겠다는 표정으로 고개를 끄덕였다. 역시 그렇다. 너와 나의

입장 차이가 있다. 푸른하늘의 '네모의 꿈'이란 노래가 생각난다.

집에 있어야 비로소 편안하다는 아이들을 큰 네모 속, 조금 큰 네모 안, 네모난 책상 앞에 앉게 하고, 사회가 만들어 놓은 틀을 내밀며 정해진 답을 말해야 비로소 잘했다는 인정으로 보상하고 그마저도 줄을 세우는 것이 우리가 만들어온 학교 아닐까?

1997년 경제협력개발기구(OECD)에서 주창한 'DeSeCo(Definition and Selection of Key Competences) 프로젝트'는 미래 사회에서 개인이 반드시 갖춰야 하는 3대 핵심 역량 범주를 짚었는데, '도구의 지적 활용', '사회적 상호작용', '자율적 행동' 등이 그것이다.

우리나라 학생들의 '도구의 지적 활용 역량'은 탁월하다. 한국교육개발원과 한국청소년정책연구원의 「한국 청소년 핵심 역량 진단조사 보고서」(2010년 기준)에 따르면 한국 학생들의 언어적 소양과 수학적 소양은 조사 대상국 22개 국가 중 각각 1, 2위였다. 실생활에 필요한 도구(말하기, 셈하기 등)를 활용하는 능력이 그만큼 탁월하다는 것인데, 습득한 지식을 활용하는 공부는 세계 어느 나라에도 뒤지지 않는다. 하지만 나머지 두 개의 역량은 어떨까. 이질적인 집단 안에서 서로 협력할 수 있는 능력을 보여주는 사회적 상호작용 역량은 종합 21위로 최하위권이었다. 타인과 소통하면서 문제를 해결하기 위해서는 공감하고 토론하는 자세가 필수이고, 집단지성(集團知性)에 기여하는 공동체성도 필요하다. 그런데 우리나라 아이들에게는 이러한 자질들에 심각한 문제가 있는 셈이다.

지식과 정보 습득이 중요하지 않다는 것이 아니라, 그것만으로는 학교가 아이들의 본질적인 성장을 지지하고 그들에게 살아갈 힘을 길러주는 역할을 하는 데 부족함이 있다는 것이다.

우리 하루하루의 대부분은 타인과의 상호작용과 행동의 선택, 문제해결 과정으로 이루어져 있다. 그것을 가능하게 하는 바탕은 사고의 유연함, 즉 말랑말랑한 생각과 경험이다.

혁신학교는 각자 자기답게 살아갈 수 있는 방법을 생각하고 선택하는데 필요한 자원을 지원하고, 그 온전함의 기반 위에 서로를 존중하는 다양한 지향을 지닌 커뮤니티를 생성하고 지속해 나가는 방법을 함께 고민하는 교실공동체와 수업을 제공하는 학교다.

아이들에게 '밥'이 되는 학교를 꿈꾼다.

나와 타인을 수용할 수 있는 내면의 깊은 그릇에 어떤 자리에서도 자기다운 삶을 살아갈 힘을 쥐어주는 그 밥을 가득 담아줄 수 있는 학교…. 그래서 아이들이 일인 분의 삶조차 녹록지 않은 생의 한 모퉁이에서 마음이 허기질 때, 존재 자체로 따습게 받아들여졌던 순간들을 기억해 내고 다시 가슴 더워지는 어떤 날이 오기를.

힘이 있는 학교

교사 방경현

홍동중학교 아이들은 열정적이다. 교사가 수업하러 교실에 들어가면 박수로 반겨주는 아이들, 쉬는 시간을 활용하여 학생자치 활동을 적극적으로 홍보하는 아이들, 일과가 끝나도 학교에 더 있고 싶다고 조르는 아이들. 아이들 눈에는 생기가 있다. 홍동중학교에 4년간 근무하면서 '무엇이 아이들을 이렇게 생기있게 만들었을까?' 하는 궁금함이 있었다. 이 책을 기획하고 준비하면서 그 답을 알게 되었다. 아이들을 사랑하는 마음으로 기꺼이 희생하며 지도하시는 선생님들과 혁신학교를 운영하며 아이들에게 집중할 수 있는 교육과정 운영, 그리고 학교에서 하기 어려운 부분을 채워주는 마을교육공동체 운영. 이러한 모든 것들이 모여서 홍동중학교는 지금의 모습을 갖추게 되었다.

앞으로 학생 수 급감으로 학급 수 감소, 미래교육으로 전환, 입시 위주의 교육 등 해결해야 할 문제들이 많이 있다. 하지만 홍동중학교는 교육공동체와 함께 슬기롭게 해결해 나갈 것이다. 홍동중학교는 그런 힘이 있는 학교다.

다시 찾아오고 싶은 학교

교사 **강민정**

"선생님. 저희 왔어요."

"어머나, 이게 누구야. 반가워라. 이제 ○○가 몇 살이지?"

"저 이제 24살이에요. 제대하고 학교가 궁금해서 놀러왔어요"

"선생님, 다시 홍동중에 계세요?"

"응. 고맙게도 다시 왔어. 덕분에 ○○ 얼굴도 보고 좋네. 학교 둘러볼래?"

"○○아. 인사드려. 우리 졸업생이에요. 선생님들. 무농약메론 농사지었
다고 판매하길래 나눠 먹으려고 샀어요."

"졸업생?"

"24살 청년농부인데 40대 홍동중 졸업생 형님 멘토 삼아 메론 농사지었대요."

"주황색 메론도 있네. 늙은 호박색이다."

"어머! 진짜 맛있어. 어떻게 메론이 이런 맛이 나지?"

"정말 훌륭하다. 24살인데 이렇게 훌륭하게 농사를 지었어? 판매도 하고?"

교무실에 앉아 있으면 졸업생이 정말 많이 찾아온다. 고등학교 다니는 1, 2년 된 졸업생부터 20대 청년, 내가 다닌 홍동중에 아이를 보내고 싶다며 찾아오는 중년의 졸업생까지 말이다. 밝은 얼굴로 인사 나누며 학교가 그리웠다고 말하는 졸업생을 만나는 즐거움. 학교가 그리웠다는 말은 교사인 나를 뿌듯하게 만든다. 아이들에게 기억하고 싶은 학교를 만들어줬다는 뿌듯함 말이다.

배움이 즐거운 온마을학교, 홍동중학교. 나는 홍동중에 '함께 성장하는'이라는 수식어를 붙이고 싶다. 이 곳에서 나는 학생만이 아닌 수많은 사람을 만났다. 늘 배우고 성장하려는 동료선생님들, 다양한 공부를 통해 마을 속 학교에 기여하고 나눔하는 마을선생님들, 아이들의 성장과 더불어 함께 배우며 성장하는 학부모님들. 더불어 공존하는 삶의 철학을 가지고 마을 곳곳에서 살아가는 마을주민들까지. 10대 청소년부터

80대 어르신까지 홍동중학교라는 매개체를 통해 함께 나누며 서로의 성장을 돕는 사람들 속에 살고 있다. 그 속에서 교사 강민정도 성장의 기쁨을 마음껏 누리고 있다.

성장의 기쁨과 공동체라는 철학, 함께 고민하고 실행함의 즐거움을 알려준 홍동중학교. 졸업생들만 그리워하고 찾아오는 학교가 아닌 근무를 마치고 다른 학교로 이동한 교사도 다시 찾아오고 싶은 학교. 마을 사람들도 함께 하는 학교. 홍동중에 근무하게 되어 참 좋다. 참 행복하다.

다시 찾아오고 싶은 학교.
홍동중학교에 근무하게 되어 참 좋다.
참 행복하다.

홍동에서 미래교육을 엿보다
배움이 즐거운 아이들

초판 1쇄 발행 2024년 11월 27일

지은이 홍동중학교

발행인 김병주
기획 편집 김춘성 한민호
디자인 정진주　**마케팅** 진영숙
에듀니티교육연구소 이문주 백헌탁

펴낸 곳 (주)에듀니티
도서문의 1644-5798
일원화 구입처 031-407-6368 (주)태양서적
등록 2009년 1월 6일 제300-2011-51호
주소 서울특별시 중구 남대문로 117, 동아빌딩 11층
출판 이메일 book@eduniety.net
홈페이지 www.eduniety.net
페이스북 www.facebook.com/eduniety
인스타그램 www.instagram.com/eduniety/
　　　　　　www.instagram.com/eduniety_books/
포스트 post.naver.com/eduniety

ISBN 979-11-6425-169-8

문의하기

투고안내

값은 뒤표지에 있습니다.